《溪发说税》系列丛书之八

溪发说税 企业破产涉税事项篇

林溪发 编著

中国税务出版社

图书在版编目（CIP）数据

溪发说税之企业破产涉税事项篇 / 林溪发编著. --北京：中国税务出版社，2023.3
ISBN 978-7-5678-1325-0

Ⅰ. ①溪… Ⅱ. ①林… Ⅲ. ①企业—破产—税法—基本知识—中国 Ⅳ. ① D922.22

中国国家版本馆 CIP 数据核字（2023）第 040824 号

版权所有·侵权必究

书　　名：	**溪发说税之企业破产涉税事项篇**
	XIFA SHUOSHUI ZHI QIYE POCHAN SHESHUI SHIXIANG PIAN
作　　者：	林溪发　编著
责任编辑：	范竹青
责任校对：	姚浩晴
技术设计：	林立志
出版发行：	中国税务出版社

　　　　　北京市丰台区广安路 9 号国投财富广场 1 号楼 11 层
　　　　　邮政编码：100055
　　　　　网址：https://www.taxation.cn
　　　　　投稿：https://www.taxation.cn/qt/zztg
　　　　　发行中心电话：（010）83362083/85/86
　　　　　传真：（010）83362047/49

经　　销：	各地新华书店
印　　刷：	北京天宇星印刷厂
规　　格：	787 毫米 ×1092 毫米　1/16
印　　张：	18
字　　数：	267000 字
版　　次：	2023 年 3 月第 1 版　2023 年 3 月第 1 次印刷
书　　号：	ISBN 978-7-5678-1325-0
定　　价：	54.00 元

如有印装错误　本社负责调换

前言

近年来，国家有关部门陆续出台了包括企业破产税收政策在内的一系列企业破产制度配套政策，以充分发挥破产制度在营造良好法治化营商环境、优化资源要素配置、激发市场主体活力等方面的作用。

为使广大纳税人、破产管理人及财税工作者准确掌握和及时运用破产涉税业务知识，我将破产涉税政策进行系统梳理，结合多年的财税实践工作经验，以具体的案例分析解答抽象的政策，撰写了《溪发说税之企业破产涉税事项篇》，作为《溪发说税》系列丛书的第八本。

本书分为十章，涉及破产程序执行中可能遇到的各项涉税业务，包括破产企业涉税信息查询、税收债权申报与审核、破产财产变价出售、破产财产分配、破产企业领用和开具发票、破产重整、破产和解、破产企业纳税信用修复、破产企业税收优惠、破产清算企业注销税务登记等，精选了纳税人、破产管理人及财税工作者在办理破产涉税业务过程中遇到的162个问题，1个问题为1集，通过【提问】【林老师解答】【政策依据】【划重点 消痛点】【知识链接】等栏目，以情景问答、案例分析和政策解读的形式，分类阐述破产涉税业务相关的政策规定、实务操作及优惠措施等。

书中每集案例均附有二维码，读者可以通过微信扫描二维码进入中国税务出版社知识服务平台观看相应的短视频，以便消化吸收、加深对破产涉税业务知识的理解。

"学向勤中得，萤窗万卷书。"宋代汪洙的这句话告诉人们，知识学问是通过勤奋学习得来的。愿本书的出版能切实帮助广大纳税人、破产管理人及财税工作者学习并掌握破产业务相关税收政策的各项要领。本书敬请读者一阅，欢迎提出宝贵意见。

林溪发

2023 年 2 月

目 录

第一章　破产企业涉税信息查询 ····················· 1

第一节　破产企业涉税信息查询渠道 ················· 1

第1集　管理人可以通过自助办税终端查询破产企业
　　　　税费缴纳情况吗？ ···························· 1

第2集　管理人可以通过客户端软件查询破产企业
　　　　纳税信用评价结果吗？ ························ 5

第3集　管理人可以通过哪些渠道查询破产企业
　　　　涉税事项办理进度？ ·························· 6

第4集　管理人无法自行获取破产企业涉税信息，
　　　　可以向税务机关申请书面查询吗？ ·············· 7

第5集　管理人向税务机关申请书面查询破产企业涉税信息，
　　　　可以要求税务机关出具书面查询结果吗？ ········ 8

第二节　破产企业涉税信息查询结果 ················· 9

第6集　税务机关出具的涉税信息查询结果
　　　　可以作为涉税证明使用吗？ ···················· 9

第7集　管理人对破产企业涉税信息查询结果有异议，可以向税务机关申请核实吗？……………………10

第二章　税收债权申报与审核……………………11

第一节　税收债权申报期限……………………11

第8集　税务机关可以在人民法院公告的债权申报期限内申报税收债权吗？……………………11

第二节　税收债权的范围……………………13

第9集　税务机关申报的税收债权包括破产清算企业所欠的教育费附加、地方教育附加吗？……………………13

第10集　破产清算企业在破产案件受理前因欠缴税款产生的滞纳金，按照普通破产债权申报吗？……………………14

第11集　破产清算企业在破产案件受理后因欠缴税款产生的滞纳金，属于破产债权吗？……………………16

第12集　税务机关申报税收债权时，破产清算企业所欠的因特别纳税调整产生的利息，也应一并申报吗？……………17

第13集　税务机关申报的税收债权，以人民法院裁定受理破产申请之日为截止日计算确定吗？……………………18

第三章　破产财产变价出售……………………20

第一节　拍卖转让存货……………………20

第14集　破产管理人可以以破产企业名义办理纳税申报等涉税事宜吗？……………………20

第15集　破产企业拍卖转让原材料，其应缴纳的增值税应如何计算确定？……………………23

第16集　破产企业拍卖转让原材料，其应缴纳的城市维护建设税应如何计算确定？……………………25

第17集　破产企业拍卖转让原材料，其应缴纳的教育费附加
　　　　应如何计算确定？·· 28

第18集　破产企业拍卖转让原材料，其应缴纳的地方教育附加
　　　　应如何计算确定？·· 29

第19集　破产企业拍卖转让原材料，其应缴纳的印花税
　　　　应如何计算确定？·· 30

第二节　拍卖转让车辆 ·· 33

第20集　破产企业拍卖转让车辆，其应缴纳的增值税
　　　　应如何计算确定？·· 33

第21集　破产企业拍卖转让车辆，其应缴纳的城市维护建设税、
　　　　教育费附加、地方教育附加应如何计算确定？············ 36

第22集　破产企业拍卖转让车辆，其应缴纳的印花税
　　　　应如何计算确定？·· 37

第三节　拍卖转让设备 ·· 38

第23集　破产企业拍卖转让设备，其应缴纳的增值税
　　　　应如何计算确定？·· 38

第24集　破产企业拍卖转让设备，其应缴纳的
　　　　城市维护建设税、教育费附加、地方教育附加
　　　　应如何计算确定？·· 39

第25集　破产企业拍卖转让设备，其应缴纳的印花税
　　　　应如何计算确定？·· 40

第四节　拍卖转让股票 ·· 41

第26集　破产企业拍卖转让股票，其应缴纳的增值税
　　　　应如何计算确定？·· 41

第27集　破产企业拍卖转让上市公司首次公开发行股票
　　　　并上市形成的限售股，在计算缴纳增值税时，
　　　　该限售股的买入价应如何计算确定？························ 44

第28集　破产企业拍卖转让因上市公司实施重大资产重组形成的限售股，在计算缴纳增值税时，该限售股的买入价应如何计算确定？ …… 46

第29集　破产企业拍卖转让因同时实施股权分置改革和重大资产重组而首次公开发行股票并上市形成的限售股，在计算缴纳增值税时，该限售股的买入价应如何计算确定？ …… 48

第30集　破产企业拍卖转让无偿取得的股票，其应缴纳的增值税应如何计算确定？ …… 49

第31集　破产企业拍卖转让无偿取得的股票，其应缴纳的印花税应如何计算确定？ …… 51

第五节　拍卖转让非上市公司股权 …… 53

第32集　破产企业拍卖转让非上市公司股权，需要缴纳增值税吗？ …… 53

第33集　破产企业拍卖转让非上市公司股权，其应缴纳的印花税应如何计算确定？ …… 55

第34集　破产企业拍卖转让非上市公司股权，应于何时确认股权转让收入？ …… 57

第35集　破产企业拍卖转让非上市公司股权，在计算股权转让所得时，可以扣除股东留存收益吗？ …… 58

第36集　破产企业拍卖转让非上市公司股权，其股权转让所得应如何计算确定？ …… 59

第六节　拍卖转让知识产权 …… 61

第37集　破产企业拍卖转让商标，其应缴纳的增值税应如何计算确定？ …… 61

第38集　破产企业拍卖转让专利，其应缴纳的增值税应如何计算确定？ …… 63

第39集　破产企业拍卖转让专利，其应缴纳的
　　　　印花税应如何计算确定？ ………………………… 65

第七节　拍卖转让自然资源使用权 …………………… 67

第40集　破产企业拍卖转让采矿权，其应缴纳的
　　　　增值税应如何计算确定？ ………………………… 67

第41集　破产企业拍卖转让海域使用权，其应缴纳的
　　　　增值税应如何计算确定？ ………………………… 69

第42集　破产企业拍卖转让其2016年4月30日前
　　　　取得的国有土地使用权，其应缴纳的增值税
　　　　应如何计算确定？ ………………………………… 71

第43集　破产企业拍卖转让国有土地使用权，其应缴纳的
　　　　城市维护建设税、教育费附加、地方教育附加
　　　　应如何计算确定？ ………………………………… 74

第44集　破产企业拍卖转让国有土地使用权，其应缴纳的
　　　　印花税应如何计算确定？ ………………………… 75

第45集　破产企业拍卖转让国有土地使用权，
　　　　需要缴纳土地增值税吗？ ………………………… 76

第46集　破产企业拍卖转让其2016年4月30日前取得的
　　　　国有土地使用权，其土地增值税应税收入
　　　　应如何计算确定？ ………………………………… 77

第47集　破产企业拍卖转让其2016年5月1日后取得的
　　　　国有土地使用权，其应缴纳的增值税
　　　　应如何计算确定？ ………………………………… 79

第48集　破产企业拍卖转让其2016年5月1日后取得的
　　　　国有土地使用权，其土地增值税应税收入
　　　　应如何计算确定？ ………………………………… 81

第49集　破产企业拍卖转让未取得国有土地使用权属证书的
　　　　土地，需要缴纳土地增值税吗？ ………………… 82

第八节　拍卖转让在建工程 …………………………………… 84

第50集　破产企业拍卖转让其2016年4月30日前自建的
在建工程，其应缴纳的增值税应如何计算确定？ ……… 84

第51集　破产企业拍卖转让其2016年5月1日后自建的
在建工程，其应缴纳的增值税应如何计算确定？ ……… 86

第52集　破产企业拍卖转让在建工程，其应缴纳的
城市维护建设税、教育费附加、地方教育附加
应如何计算确定？ ………………………………………… 89

第53集　破产企业拍卖转让在建工程，其应缴纳的
印花税应如何计算确定？ ………………………………… 90

第54集　破产企业拍卖转让在建工程，
需要缴纳土地增值税吗？ ………………………………… 91

第55集　破产企业拍卖转让在建工程，其土地增值税
应税收入应如何计算确定？ ……………………………… 93

第九节　拍卖转让房产 ………………………………………… 94

第56集　破产企业拍卖转让其2016年4月30日前自建的厂房，
其应缴纳的增值税应如何计算确定？ …………………… 94

第57集　破产企业拍卖转让其2016年5月1日后自建的厂房，
其应缴纳的增值税应如何计算确定？ …………………… 96

第58集　破产企业拍卖转让自建厂房，其应缴纳的
城市维护建设税、教育费附加、地方教育附加
应如何计算确定？ ………………………………………… 98

第59集　破产企业拍卖转让自建厂房，其应缴纳的印花税
应如何计算确定？ ………………………………………… 99

第60集　破产企业拍卖转让自建厂房，在计算缴纳
土地增值税时，其扣除项目金额
应如何计算确定？ ………………………………………… 100

第61集　破产企业拍卖转让自建厂房，其应缴纳的
土地增值税应如何计算确定？ ················· 102

第62集　破产企业拍卖转让其2016年4月30日前购置的办公楼，
其应缴纳的增值税应如何计算确定？ ············· 104

第63集　破产企业拍卖转让其2016年5月1日后购置的住宅，
其应缴纳的增值税应如何计算确定？ ············· 106

第64集　破产企业拍卖转让其购置的住宅，其应缴纳的
城市维护建设税、教育费附加、地方教育附加
应如何计算确定？ ·························· 108

第65集　破产企业拍卖转让其购置的住宅，其应缴纳的
印花税应如何计算确定？ ···················· 109

第66集　破产企业拍卖转让其购置的住宅，
在计算缴纳土地增值税时，其扣除项目金额
应如何计算确定？ ·························· 111

第67集　破产企业拍卖转让其购置的住宅，其应缴纳的
土地增值税应如何计算确定？ ················· 114

第68集　破产企业名下的厂房需要缴纳房产税吗？ ·········· 116

第69集　破产企业厂房所占用的土地需要缴纳
城镇土地使用税吗？ ························ 119

第十节　破产财产使用费收入 ························· 123

第70集　破产企业出租其2016年4月30日前取得的厂房，
其应缴纳的增值税应如何计算确定？ ············· 123

第71集　破产企业出租其2016年5月1日后取得的厂房，
其应缴纳的增值税应如何计算确定？ ············· 126

第72集　破产企业取得场地占用费收入，其应缴纳的
城市维护建设税、教育费附加、地方教育附加
应如何计算确定？ ·························· 128

第73集　破产企业取得场地占用费收入，其应缴纳的
房产税应如何计算确定？ ···················· 129

第十一节　拍卖转让应收款项 ··· 131

　　第74集　破产企业拍卖转让应收款项，
　　　　　　需要缴纳增值税吗？ ··· 131

　　第75集　破产企业拍卖转让应收款项，
　　　　　　需要缴纳印花税吗？ ··· 132

　　第76集　破产企业拍卖转让应收款项发生的损失，
　　　　　　可以在企业所得税税前扣除吗？ ································· 133

第四章　破产财产分配 ··· 135

第一节　破产财产抵偿债务 ··· 135

　　第77集　破产企业以产成品清偿债务，需要缴纳增值税吗？ ······ 135

　　第78集　破产企业以产成品清偿债务，需要缴纳
　　　　　　城市维护建设税吗？ ··· 137

　　第79集　破产企业以产成品清偿债务，需要缴纳
　　　　　　教育费附加吗？ ·· 138

　　第80集　破产企业以产成品清偿债务，需要缴纳
　　　　　　地方教育附加吗？ ··· 139

　　第81集　破产企业以产成品清偿债务，需要确认
　　　　　　企业所得税收入吗？ ··· 140

　　第82集　破产企业以商场清偿债务，需要缴纳增值税吗？ ········ 141

　　第83集　破产企业以商场清偿债务，需要缴纳
　　　　　　土地增值税吗？ ·· 143

　　第84集　破产企业以商场清偿债务，需要确认
　　　　　　企业所得税收入吗？ ··· 144

第二节　实施破产财产分配 ··· 146

　　第85集　破产企业无法清偿的应付款项，需要确认为
　　　　　　债务清偿所得吗？ ··· 146

第86集　被强制清算企业以股票分配股东，
　　　　需要缴纳增值税吗？ ………………………………… 148

第87集　被强制清算企业以股票分配股东，其应缴纳的
　　　　增值税应如何计算确定？ ……………………………… 150

第88集　被强制清算企业以股票分配股东，需要确认
　　　　企业所得税收入吗？ …………………………………… 152

第五章　破产企业领用和开具发票 …………………… 154

第一节　破产企业申领、开具发票 ………………………… 154

第89集　破产企业因继续履行合同需要使用发票，
　　　　管理人可以以破产企业名义到税务部门申领、
　　　　开具发票吗？ …………………………………………… 154

第90集　破产企业因出租厂房需要使用发票，管理人可以
　　　　以破产企业名义到税务部门申领、开具发票吗？ ……… 155

第91集　破产企业因拍卖转让原材料需要使用发票，
　　　　管理人可以以破产企业名义到税务部门申领、
　　　　开具发票吗？ …………………………………………… 156

第二节　破产企业解除非正常状态 ………………………… 159

第92集　破产重整企业就其逾期未申报行为接受处罚、
　　　　缴纳罚款，并补办纳税申报，需要专门
　　　　向主管税务机关申请解除非正常状态吗？ …………… 159

第六章　破产重整 ……………………………………………… 161

第一节　破产重整的一般性税务处理 ……………………… 161

第93集　破产重整企业无须清偿的债务，需要确认为
　　　　债务重组收入吗？ ……………………………………… 161

第94集　破产重整企业无须清偿的债务，应于何时
　　　　确认债务重组收入？……………………………… 163

第95集　破产重整企业以现金清偿债务，其债务重组所得
　　　　应如何计算确定？………………………………… 164

第96集　破产重整企业以办公楼清偿债务，其债务重组所得
　　　　应如何计算确定？………………………………… 165

第97集　破产重整企业发生债权转股权，其债务清偿所得
　　　　应如何计算确定？………………………………… 167

第98集　破产重整企业以普通股清偿债务，其债务清偿所得
　　　　应如何计算确定？………………………………… 168

第二节　破产重整的特殊性税务处理 …………………… 170

第99集　破产重整企业适用特殊性税务处理规定，
　　　　其债务重组确认的应纳税所得额可以分期
　　　　计入各年度的应纳税所得额吗？………………… 170

第100集　适用特殊性税务处理规定的破产重整企业以普通股
　　　　　抵偿债务，需要确认债务清偿所得吗？……………… 172

第三节　破产重整形成的资产损失 ………………………… 174

第101集　破产重整企业以原材料抵偿债务形成的资产损失，
　　　　　可以在企业所得税税前扣除吗？…………………… 174

第102集　破产重整企业以原材料抵偿债务形成的
　　　　　资产损失应如何计算确定？………………………… 175

第七章　破产和解 ………………………………………… 177

第一节　破产和解的一般性税务处理 …………………… 177

第103集　破产和解企业无须清偿的债务，需要确认为
　　　　　债务重组收入吗？…………………………………… 177

第104集 破产和解企业无须清偿的债务，应于何时
确认债务重组收入？ 178

第105集 破产和解企业以厂房清偿债务，其债务重组所得
应如何计算确定？ 180

第106集 破产和解企业发生债权转股权，其债务清偿所得
应如何计算确定？ 180

第107集 破产和解企业以普通股清偿债务，其债务清偿所得
应如何计算确定？ 181

第108集 破产和解企业以现金清偿债务，其债务重组所得
应如何计算确定？ 182

第二节 破产和解的特殊性税务处理 184

第109集 破产和解企业适用特殊性税务处理规定，
其债务重组确认的应纳税所得额可以分期
计入各年度的应纳税所得额吗？ 184

第110集 适用特殊性税务处理规定的破产和解企业以普通股
抵偿债务，需要确认债务清偿所得吗？ 186

第三节 破产和解形成的资产损失 187

第111集 破产和解企业以产成品抵偿债务形成的资产损失，
可以在企业所得税税前扣除吗？ 187

第112集 破产和解企业以产成品抵偿债务形成的资产损失
应如何计算确定？ 188

第八章 破产企业纳税信用修复 189

第一节 破产企业申请纳税信用修复 189

第113集 破产重整企业全额清偿税款债权后，可以向税务机关
提出纳税信用修复申请吗？ 189

第114集　破产重整企业全额清偿税款债权后提出纳税信用
修复申请，税务机关可以根据人民法院出具的
批准重整计划的裁定书评价其纳税信用级别吗？…… 191

第115集　破产和解企业全额清偿税款债权后，
可以向税务机关提出纳税信用修复申请吗？………… 194

第116集　破产和解企业全额清偿税款债权后申请修复
纳税信用，税务机关可以根据人民法院出具的
认可和解协议的裁定书评价其纳税信用级别吗？…… 196

第二节　破产企业纳税信用修复完成后的管理服务措施 …………… 197

第117集　破产和解企业纳税信用修复完成后，可以按照
修复后的纳税信用级别适用相应的税收政策
和管理服务措施吗？………………………………… 197

第118集　破产重整企业全额清偿税款债权后，可以向税务机关
申请提前停止公布失信信息吗？…………………… 198

第119集　破产和解企业全额清偿税款债权后，可以向税务机关
申请提前停止公布失信信息吗？…………………… 199

第九章　破产企业税收优惠 ……………………………… 202

第一节　破产企业增值税优惠 …………………………………… 202

第120集　属于小规模纳税人的破产企业拍卖转让产成品
开具免税普通发票，其取得的收入可以
免征增值税吗？……………………………………… 202

第121集　破产重整企业在资产重组过程中涉及的货物转让，
需要缴纳增值税吗？………………………………… 204

第122集　破产重整企业在资产重组过程中涉及的不动产、
土地使用权转让，需要缴纳增值税吗？…………… 205

第二节　破产企业土地增值税优惠 ……………………… 207

第123集　破产重整企业在合并过程中涉及的房地产
权属转移，需要缴纳土地增值税吗？ ………… 207

第124集　破产重整企业在分立过程中涉及的房地产
权属转移，需要缴纳土地增值税吗？ ………… 208

第三节　破产企业契税优惠 ……………………………… 210

第125集　破产重整企业分立，分立后公司承受原公司
土地、房屋权属，可以免征契税吗？ ………… 210

第126集　破产重整企业合并，合并后公司承受原合并
各方土地、房屋权属，可以免征契税吗？ …… 211

第127集　债权人承受破产企业抵偿债务的土地、房屋权属，
可以免征契税吗？ ……………………………… 213

第128集　非债权人与原破产企业全部职工签订服务年限
不少于3年的劳动用工合同，其承受所购破产
企业土地、房屋权属，可以免征契税吗？ …… 214

第129集　非债权人与原破产企业40%的职工签订服务年限
不少于3年的劳动用工合同，其承受所购破产
企业土地、房屋权属，可以减半征收契税吗？ ……… 215

第四节　破产企业所得税优惠 …………………………… 217

第130集　破产重整企业合并适用特殊性税务处理规定，
合并企业接受被合并企业资产和负债的计税基础，
可以选择以被合并企业的原有计税基础确定吗？ …… 217

第131集　破产重整企业分立适用特殊性税务处理规定，
分立企业接受被分立企业资产和负债的计税基础，
可以选择以被分立企业的原有计税基础确定吗？ …… 218

第五节　破产企业城市维护建设税、教育费附加
及地方教育附加优惠 ……………………………… 221

第132集　属于小规模纳税人的破产企业拍卖转让车辆
选择放弃免税并开具增值税专用发票，
应开具征收率为3%的增值税专用发票吗？ …………… 221

第133集　破产企业属于小规模纳税人，其拍卖转让车辆
取得的收入，可以减征城市维护建设税、
教育费附加及地方教育附加吗？ ……………… 223

第134集　破产企业属于小型微利企业，其拍卖转让设备
取得的收入，可以减征城市维护建设税、
教育费附加及地方教育附加吗？ ……………… 224

第六节　破产企业印花税优惠 ……………………………… 226

第135集　破产企业属于小型微利企业，其拍卖转让设备
取得的收入，可以减征印花税吗？ ……………… 226

第七节　破产企业资源税优惠 ……………………………… 228

第136集　属于小型微利企业的破产企业将煤产品
用于清偿债务，可以减征资源税吗？ ……………… 228

第八节　破产企业房产税优惠 ……………………………… 231

第137集　破产企业属于小规模纳税人，其名下的商铺
可以减征房产税吗？ ………………………… 231

第九节　破产企业城镇土地使用税优惠 ……………………… 233

第138集　破产企业属于小规模纳税人，其名下商铺所占用的
土地可以减征城镇土地使用税吗？ …………… 233

第139集　破产企业属于小型微利企业，其名下的土地
可以减征城镇土地使用税吗？ ……………… 234

第十章　破产清算企业注销税务登记 ……………………………… 236

第一节　破产企业清算应纳税所得额的计算 ………………… 236

第140集　破产企业拍卖转让产成品，
其损失应如何计算确定？ ……………………… 236

第141集　破产企业债务清偿所得应如何计算确定？ ……… 238

第142集　破产企业清算所得应如何计算确定？ …………… 239

第143集　破产企业清算应纳税所得额应如何计算确定？ ……… 240

第二节　破产企业清算所得税申报 …………………………… 243

第144集　破产企业应将整个清算期作为一个独立的
纳税年度计算清算所得吗？ …………………… 243

第145集　破产企业在办理注销税务登记前，
需要向主管税务机关报送企业清算所得税
纳税申报表吗？ ………………………………… 244

第146集　破产企业清算所得税的纳税申报期限
应如何确定？ …………………………………… 245

第三节　破产清算企业注销税务登记手续 …………………… 246

第147集　管理人持人民法院终结破产企业破产清算程序
裁定书申请税务注销，税务部门可以
即时出具清税文书吗？ ………………………… 246

第148集　管理人在办理注销破产企业税务登记前，需要向
税务机关提出终止"委托扣款协议书"申请吗？ …… 247

第149集　破产企业未办理过涉税事宜，可免予到税务机关
办理清税证明，直接向市场监管部门申请
办理注销登记吗？ ……………………………… 248

15

第150集 破产企业未办理过涉税事宜，管理人主动到
　　　　 税务机关办理清税，税务机关可以根据管理人
　　　　 提供的破产企业营业执照即时出具清税文书吗？ …… 249

第151集 破产企业办理过涉税事宜但未领用发票、
　　　　 无欠税（滞纳金）及罚款，可免予到税务机关
　　　　 办理清税证明，直接向市场监管部门
　　　　 申请办理注销登记吗？ ………… 250

第152集 破产企业办理过涉税事宜但未领用发票、
　　　　 无欠税（滞纳金）及罚款，管理人主动到税务机关
　　　　 办理清税，资料齐全的，税务机关可以
　　　　 即时出具清税文书吗？ ………… 251

第153集 清算组持人民法院终结强制清算程序的裁定
　　　　 向税务机关申请开具清税文书，
　　　　 税务机关可以即时开具吗？ ………… 253

第四节　破产清算企业股东分得剩余资产的申报纳税 ………… 255

第154集 股东分得的被强制清算企业剩余资产，其中相当于
　　　　 从被强制清算企业累计未分配利润和累计盈余
　　　　 公积中应当分得的部分，应确认为哪项所得？ ……… 255

第155集 居民企业股东从被强制清算企业取得的
　　　　 股息所得，需要缴纳企业所得税吗？ ………… 256

第156集 被强制清算企业向自然人股东分配股息，
　　　　 需要代扣代缴个人所得税吗？ ………… 258

第157集 被强制清算企业向自然人股东分配股息，
　　　　 其应代扣代缴的个人所得税应如何计算确定？ ……… 259

第158集 股东分得的被强制清算企业剩余资产减除股息
　　　　 所得后的余额，超过其投资成本的部分，
　　　　 应确认为哪项所得？ ………… 261

第159集 居民企业股东从被强制清算企业取得的投资转让所得，
       需要确认企业所得税收入吗？ ················· 262

第160集 自然人股东从被强制清算企业取得的投资转让所得，
       需要缴纳个人所得税吗？ ··················· 263

第161集 自然人股东从被强制清算企业取得的投资转让所得，
       其应缴纳的个人所得税应如何计算确定？ ············ 264

第162集 股东从被强制清算企业分得的资产，
       其计税基础应如何计算确定？ ················· 265

第一章 破产企业涉税信息查询

第一节 破产企业涉税信息查询渠道

第1集 管理人可以通过自助办税终端查询破产企业税费缴纳情况吗?

扫码看视频

A公司因经营管理不善,无力偿还到期债务,债权人B公司于2022年10月向甲市人民法院提出对A公司进行破产清算的申请。

当月,甲市人民法院作出《民事裁定书》,裁定受理债权人B公司申请A公司破产清算一案,并指定C律师事务所担任该案管理人(以下简称管理人)。

提问:林老师,自人民法院指定管理人之日起,管理人可以通过自助办税终端,经过有效身份认证和识别,自行查询A公司税费缴纳情况吗?

林老师解答

可以。

 政策依据

国家税务总局关于税收征管若干事项的公告

2019年12月12日 国家税务总局公告2019年第48号

四、关于企业破产清算程序中的税收征管问题

......

（二）......

从人民法院指定管理人之日起，管理人可以按照《中华人民共和国企业破产法》（以下简称企业破产法）第二十五条规定，以企业名义办理纳税申报等涉税事宜。

......

五、本公告自2020年3月1日起施行。......

国家税务总局关于发布《涉税信息查询管理办法》的公告

2016年6月30日　国家税务总局公告2016年第41号

第二条　本办法所称涉税信息查询，是指税务机关依法对外提供的信息查询服务。可以查询的信息包括由税务机关专属掌握可对外提供查询的信息，以及有助于纳税人履行纳税义务的税收信息。

......

第三条　本办法适用于……纳税人对自身涉税信息的查询。

......

第七条　纳税人可以通过……自助办税终端等渠道，经过有效身份认证和识别，自行查询税费缴纳情况……等自身涉税信息。

......

第十六条　本办法自发布之日起施行。

知识链接

1. 破产申请的提出

《中华人民共和国企业破产法》（以下简称《企业破产法》）第二条第一款规定，企业法人不能清偿到期债务，并且资产不足以清偿全部债务或者明显缺乏清偿能力的，依照该法规定清理债务。第二款规定，企业法人有前款规定情形，或者有明显丧失清偿能力可能的，可以依照该法规定进行重整。

《企业破产法》第七条规定，债务人有《企业破产法》第二条规定的情形，可以向人民法院提出重整、和解或者破产清算申请；债务人不能清偿到期债务，债权人可以向人民法院提出对债务人进行重整或者破产清算的申请；企业法人已解散但未清算或者未清算完毕，资产不足以清偿债务的，依法负有清算责任的人应当向人民法院申请破产清算。

2. 破产申请的受理

《企业破产法》第十条第一款规定，债权人提出破产申请的，人民法院应当自收到申请之日起5日内通知债务人；债务人对申请有异议的，应当自收到人民法院的通知之日起7日内向人民法院提出；人民法院应当自异议期满之日起10日内裁定是否受理。第二款规定，除前款规定的情形外，人民法院应当自收到破产申请之日起15日内裁定是否受理。第三款规定，有特殊情况需要延长前两款规定的裁定受理期限的，经上一级人民法院批准，可以延长15日。

3. 什么是管理人？

国家发展改革委等十三部门发布的《关于推动和保障管理人在破产程序中依法履职 进一步优化营商环境的意见》（发改财金规〔2021〕274号）规定，管理人是在破产程序中依法接管破产企业财产、管理破产事务的专门机构。

4. 管理人如何产生？

《企业破产法》第十三条规定，人民法院裁定受理破产申请的，应当同时指定管理人。

《企业破产法》第二十二条规定，管理人由人民法院指定；债权人会议认为管理人不能依法、公正执行职务或者有其他不能胜任职务情形的，可以申请人民法院予以更换。

5. 管理人由谁担任？

《企业破产法》第二十四条规定，管理人可以由有关部门、机构的人员组成的清算组或者依法设立的律师事务所、会计师事务所、破产清算事务所等社会中介机构担任；人民法院根据债务人的实际情况，可以在征询有关社会中介机构的意见后，指定该机构具备相关专业知识并取得执业资格的人员担任管理人；有下列情形之一的，不得担任管理人：（1）因故意犯罪受过刑事处罚；（2）曾被吊销相关专业执业证书；（3）与本案有利害关系；（4）人民法院认为不宜担任管理人的其他情形。

6. 管理人履行哪些职责？

《企业破产法》第二十五条规定，管理人履行下列职责：（1）接管债务人的财产、印章和账簿、文书等资料；（2）调查债务人财产状况，制作财产状况报告；（3）决定债务人的内部管理事务；（4）决定债务人的日常开支和其他必要开支；（5）在第一次债权人会议召开之前，决定继续或者停止债务人的营业；（6）管理和处分债务人的财产；（7）代表债务人参加诉讼、仲裁或者其他法律程序；（8）提议召开债权人会议；（9）人民法院认为管理人应当履行的其他职责。《企业破产法》对管理人的职责另有规定的，适用其规定。

第 2 集
管理人可以通过客户端软件查询破产企业纳税信用评价结果吗？

扫码看视频

承第 1 集案例。

提问：林老师，自人民法院指定管理人之日起，管理人可以通过电子税务局客户端软件，经过有效身份认证和识别，自行查询 A 公司纳税信用评价结果吗？

林老师解答

可以。

政策依据

国家税务总局关于发布《涉税信息查询管理办法》的公告

2016 年 6 月 30 日　国家税务总局公告 2016 年第 41 号

第七条　纳税人可以通过网站、客户端软件、自助办税终端等渠道，经过有效身份认证和识别，自行查询……纳税信用评价结果……等自身涉税信息。

划重点　消痛点

《涉税信息查询管理办法》第二条第二款规定，涉税咨询、依申请公开信息不属于该办法所称涉税信息查询。

扫码看视频

第3集
管理人可以通过哪些渠道查询破产企业涉税事项办理进度？

承第1集案例。

提问：林老师，自人民法院指定管理人之日起，管理人可以通过哪些渠道查询A公司涉税事项办理进度？

林老师解答

管理人可以通过网站、客户端软件、自助办税终端等渠道，经过有效身份认证和识别，自行查询A公司涉税事项办理进度。

TAX 政策依据

国家税务总局关于发布《涉税信息查询管理办法》的公告

2016年6月30日　国家税务总局公告2016年第41号

第七条　纳税人可以通过网站、客户端软件、自助办税终端等渠道，经过有效身份认证和识别，自行查询……涉税事项办理进度等自身涉税信息。

第一章 破产企业涉税信息查询

第 4 集
管理人无法自行获取破产企业涉税信息，可以向税务机关申请书面查询吗？

扫码看视频

承第 1 集案例。

提问：林老师，管理人于 2022 年 11 月通过网站、客户端软件、自助办税终端等渠道，经过有效身份认证和识别，无法自行查询 A 公司涉税事项办理进度，则管理人可以向税务机关申请书面查询吗？

林老师解答

可以。

政策依据

国家税务总局关于发布《涉税信息查询管理办法》的公告

2016 年 6 月 30 日　国家税务总局公告 2016 年第 41 号

第八条　纳税人按照本办法第七条无法自行获取所需自身涉税信息，可以向税务机关提出书面申请，税务机关应当在本单位职责权限内予以受理。

溪发说税之企业破产涉税事项篇

第 5 集
管理人向税务机关申请书面查询破产企业涉税信息，可以要求税务机关出具书面查询结果吗？

扫码看视频

承第 1 集案例。

提问：林老师，管理人因无法自行查询 A 公司涉税事项办理进度，于 2022 年 11 月向税务机关申请书面查询，管理人可以要求税务机关出具书面查询结果吗？

林老师解答

可以。

TAX 政策依据

国家税务总局关于发布《涉税信息查询管理办法》的公告

2016 年 6 月 30 日　国家税务总局公告 2016 年第 41 号

第十条　纳税人书面申请查询，要求税务机关出具书面查询结果的，税务机关应当出具《涉税信息查询结果告知书》……

8

第二节　破产企业涉税信息查询结果

第 6 集　税务机关出具的涉税信息查询结果可以作为涉税证明使用吗？

扫码看视频

承第 1 集案例。

提问：林老师，管理人因无法自行查询 A 公司涉税事项办理进度，于 2022 年 11 月向税务机关申请书面查询，税务机关出具的涉税信息查询结果可以作为涉税证明使用吗？

林老师解答

不可以。

 政策依据

国家税务总局关于发布《涉税信息查询管理办法》的公告

2016 年 6 月 30 日　国家税务总局公告 2016 年第 41 号

第十条　……

涉税信息查询结果不作为涉税证明使用。

第7集 管理人对破产企业涉税信息查询结果有异议，可以向税务机关申请核实吗？

扫码看视频

承第1集案例。

提问：林老师，管理人对A公司涉税信息查询结果有异议，可以向税务机关申请核实吗？

林老师解答

可以。

[TAX] 政策依据

国家税务总局关于发布《涉税信息查询管理办法》的公告

2016年6月30日　国家税务总局公告2016年第41号

第十一条　纳税人对查询结果有异议，可以向税务机关申请核实……

划重点　消痛点

《涉税信息查询管理办法》第十二条第一款规定，税务机关应当对纳税人提供的异议信息进行核实，并将核实结果告知纳税人；第二款规定，税务机关确认涉税信息存在错误，应当及时进行信息更正。

第二章　税收债权申报与审核

第一节　税收债权申报期限

第 8 集

税务机关可以在人民法院公告的债权申报期限内申报税收债权吗？

扫码看视频

2022 年 8 月，甲县人民法院裁定受理债权人 A 公司申请 B 公司破产清算一案，并指定 C 会计师事务所担任该案管理人。当月，人民法院发布公告，通知 B 公司债权人应在 2022 年 10 月 31 日前向 C 会计师事务所申报债权。

国家税务总局甲县税务局是 B 公司的主管税务机关。截至甲县人民法院裁定受理 B 公司破产申请之日，B 公司所欠税款为 470.86 万元（其中：增值税 78 万元、城市维护建设税 5.46 万元、教育费附加 2.34 万元、地方教育附加 1.56 万元、房产税 319 万元、城镇土地使用税 63 万元、环境保护税 1 万元、印花税 0.5 万元）、税收滞纳金为 162 万元，因特别纳税调整产生的利息为 55 万元。

提问：林老师，国家税务总局甲县税务局可以在甲县人民法院公告的债权申报期限内即 2022 年 10 月 31 日前向 C 会计师事务所申报税收债权吗？

林老师解答

可以。

TAX 政策依据

国家税务总局关于税收征管若干事项的公告

2019年12月12日　国家税务总局公告2019年第48号

四、关于企业破产清算程序中的税收征管问题

（一）税务机关在人民法院公告的债权申报期限内，向管理人申报企业所欠税款（含教育费附加、地方教育附加，下同）、滞纳金及罚款。……

知识链接

债权申报期限是多长？

《企业破产法》第四十五条规定，人民法院受理破产申请后，应当确定债权人申报债权的期限；债权申报期限自人民法院发布受理破产申请公告之日起计算，最短不得少于30日，最长不得超过3个月。

《企业破产法》第四十八条第一款规定，债权人应当在人民法院确定的债权申报期限内向管理人申报债权。

《企业破产法》第五十六条第一款规定，在人民法院确定的债权申报期限内，债权人未申报债权的，可以在破产财产最后分配前补充申报；但是，此前已进行的分配，不再对其补充分配。为审查和确认补充申报债权的费用，由补充申报人承担。

第二节　税收债权的范围

> **第 9 集**
>
> 税务机关申报的税收债权包括破产清算企业所欠的教育费附加、地方教育附加吗？

扫码看视频

承第 8 集案例。

提问：林老师，国家税务总局甲县税务局向 C 会计师事务所申报的税收债权，包括 B 公司所欠的教育费附加 2.34 万元、地方教育附加 1.56 万元吗？

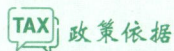

包括。

国家税务总局关于税收征管若干事项的公告

2019 年 12 月 12 日　国家税务总局公告 2019 年第 48 号

四、关于企业破产清算程序中的税收征管问题

（一）税务机关在人民法院公告的债权申报期限内，向管理人申报企业所欠税款（含教育费附加、地方教育附加，下同）……

扫码看视频

第 10 集
破产清算企业在破产案件受理前因欠缴税款产生的滞纳金，按照普通破产债权申报吗？

承第 8 集案例。

提问：林老师，B 公司所欠的税收滞纳金 162 万元，国家税务总局甲县税务局按照普通破产债权向 C 会计师事务所申报吗？

林老师解答

按照普通破产债权申报。

TAX 政策依据

国家税务总局关于税收征管若干事项的公告

2019 年 12 月 12 日　国家税务总局公告 2019 年第 48 号

四、关于企业破产清算程序中的税收征管问题

（一）税务机关在人民法院公告的债权申报期限内，向管理人申报企业所欠……滞纳金……

（三）企业所欠税款、滞纳金、因特别纳税调整产生的利息，税务机关按照企业破产法相关规定进行申报，其中，企业所欠的滞纳金……按照普通破产债权申报。

第二章 税收债权申报与审核

最高人民法院关于税务机关就破产企业欠缴税款产生的滞纳金提起的债权确认之诉应否受理问题的批复

2012年6月26日 法释〔2012〕9号

……依照企业破产法、税收征收管理法的有关规定,破产企业在破产案件受理前因欠缴税款产生的滞纳金属于普通破产债权。

知识链接

破产企业债务清偿顺序

《企业破产法》第一百一十三条第一款规定,破产财产在优先清偿破产费用和共益债务后,依照下列顺序清偿:(1)破产人所欠职工的工资和医疗、伤残补助、抚恤费用,所欠的应当划入职工个人账户的基本养老保险、基本医疗保险费用,以及法律、行政法规规定应当支付给职工的补偿金;(2)破产人欠缴的除前项规定以外的社会保险费用和破产人所欠税款;(3)普通破产债权。第二款规定,破产财产不足以清偿同一顺序的清偿要求的,按照比例分配。

第 11 集

破产清算企业在破产案件受理后因欠缴税款产生的滞纳金，属于破产债权吗？

承第 8 集案例。

提问：林老师，B 公司于 2022 年 10 月因欠缴税款产生滞纳金 2 万元，该项滞纳金属于破产债权吗？

林老师解答

不属于。

TAX 政策依据

最高人民法院关于税务机关就破产企业欠缴税款产生的滞纳金提起的债权确认之诉应否受理问题的批复

2012 年 6 月 26 日　法释〔2012〕9 号

……

对于破产案件受理后因欠缴税款产生的滞纳金，人民法院应当依照《最高人民法院关于审理企业破产案件若干问题的规定》第六十一条规定处理。

最高人民法院关于审理企业破产案件若干问题的规定

2002 年 7 月 30 日　法释〔2002〕23 号

第六十一条　下列债权不属于破产债权：

……

（二）人民法院受理破产案件后债务人未支付应付款项的滞纳金……

第 12 集 税务机关申报税收债权时，破产清算企业所欠的因特别纳税调整产生的利息，也应一并申报吗？

承第 8 集案例。

提问：林老师，国家税务总局甲县税务局向 C 会计师事务所申报税收债权时，B 公司所欠的因特别纳税调整产生的利息 55 万元，也应一并申报吗？

林老师解答

应一并申报。

TAX 政策依据

国家税务总局关于税收征管若干事项的公告

2019 年 12 月 12 日　国家税务总局公告 2019 年第 48 号

四、关于企业破产清算程序中的税收征管问题

（一）……因特别纳税调整产生的利息，也应一并申报。

……

（三）企业所欠税款、滞纳金、因特别纳税调整产生的利息，税务机关按照企业破产法相关规定进行申报，其中，企业所欠的……因特别纳税调整产生的利息按照普通破产债权申报。

第 13 集

税务机关申报的税收债权，以人民法院裁定受理破产申请之日为截止日计算确定吗？

承第 8 集案例。

提问：林老师，国家税务总局甲县税务局向 C 会计师事务所申报债权时，B 公司所欠税款、滞纳金、罚款以及因特别纳税调整产生的利息，以人民法院裁定受理破产申请之日为截止日计算确定吗？

林老师解答

B 公司所欠税款、滞纳金、罚款以及因特别纳税调整产生的利息，以人民法院裁定受理破产申请之日为截止日计算确定债权。

[TAX] 政策依据

国家税务总局关于税收征管若干事项的公告

2019 年 12 月 12 日　国家税务总局公告 2019 年第 48 号

四、关于企业破产清算程序中的税收征管问题

（一）……

企业所欠税款、滞纳金、罚款，以及因特别纳税调整产生的利息，以人民法院裁定受理破产申请之日为截止日计算确定。

第二章 税收债权申报与审核

> **划重点　消痛点**

《企业破产法》第四十六条规定，未到期的债权，在破产申请受理时视为到期；附利息的债权自破产申请受理时起停止计息。

第三章 破产财产变价出售

第一节 拍卖转让存货

第 14 集

破产管理人可以以破产企业名义办理纳税申报等涉税事宜吗?

2022年9月,乙市人民法院裁定受理债权人C公司申请D公司破产清算一案,并指定E律师事务所担任该案管理人。

2022年11月,管理人根据D公司破产清算案第一次债权人会议通过的《破产财产变价方案》,依托破产拍卖平台在网上拍卖D公司的一批原材料;《竞买公告》和《竞买须知》规定,拍卖转让该批原材料所产生的税费由买卖双方按照税收法规等规定各自缴纳。

2022年12月,买受人G公司通过公开竞价竞得上述拍卖标的物,成交价为5万元。G公司于当月与管理人签署了《拍卖成交确认书》,该《拍卖成交确认书》确认的成交价为5万元。

D公司属于增值税一般纳税人,不属于小型微利企业。2022年12月,D公司除拍卖转让该批原材料外,未发生其他购销业务,其当月可以抵扣的进项税额、上期留抵税额和上期结转的加计抵减额余额均为零。

提问: 林老师,从乙市人民法院指定管理人之日起,管理人可以以D公司名义办理纳税申报等涉税事宜吗?

林老师解答

可以。

TAX 政策依据

国家税务总局关于税收征管若干事项的公告

2019年12月12日　国家税务总局公告2019年第48号

四、关于企业破产清算程序中的税收征管问题

……

（二）……

从人民法院指定管理人之日起，管理人可以按照《中华人民共和国企业破产法》（以下简称企业破产法）第二十五条规定，以企业名义办理纳税申报等涉税事宜。

知识链接

1. 什么是增值税一般纳税人？

根据《增值税一般纳税人登记管理办法》（国家税务总局令第43号）第二条规定，年应税销售额超过财政部、国家税务总局规定的小规模纳税人标准的增值税纳税人，除"按照政策规定，选择按照小规模纳税人纳税的"及"年应税销售额超过规定标准的其他个人"外，应当向主管税务机关办理一般纳税人登记。

2. 什么是增值税小规模纳税人？

根据《财政部 税务总局关于统一增值税小规模纳税人标准的通知》（财税〔2018〕33号）第一条规定，增值税小规模纳税人标准为年应征增值税销售额500万元及以下。

根据《中华人民共和国增值税暂行条例实施细则》（中华人民共和国财政部令第65号）第二十九条规定，年应税销售额超过小规模纳税人标准的其他个人按小规模纳税人纳税；非企业性单位、不经常发生应税行为的企业可选择按小规模纳税人纳税。

该实施细则第三十条规定，小规模纳税人的销售额不包括其应纳税额。小规模纳税人销售货物或者应税劳务采用销售额和应纳税额合并定价方法的，按下列公式计算销售额：

销售额 = 含税销售额 ÷（1+征收率）

3. 什么是小型微利企业？

根据《财政部 税务总局关于进一步实施小微企业所得税优惠政策的公告》（财政部 税务总局公告2022年第13号）第二条规定，小型微利企业，是指从事国家非限制和禁止行业，且同时符合年度应纳税所得额不超过300万元、从业人数不超过300人、资产总额不超过5000万元等三个条件的企业。

从业人数，包括与企业建立劳动关系的职工人数和企业接受的劳务派遣用工人数。所称从业人数和资产总额指标，应按企业全年的季度平均值确定。具体计算公式如下：

季度平均值 =（季初值 + 季末值）÷ 2

全年季度平均值 = 全年各季度平均值之和 ÷ 4

年度中间开业或者终止经营活动的，以其实际经营期作为一个纳税年度确定上述相关指标。

第 15 集
破产企业拍卖转让原材料，其应缴纳的增值税应如何计算确定？

扫码看视频

承第 14 集案例。

提问：林老师，D 公司拍卖转让该批原材料，其应缴纳的增值税应如何计算确定？

林老师解答

D 公司拍卖转让该批原材料应缴纳的增值税计算如下：

应纳税额 = 当期销项税额 − 当期进项税额

$= 50000 \div (1 + 13\%) \times 13\% - 0$

$= 5752.21$（元）

TAX 政策依据

中华人民共和国增值税暂行条例

2017 年 11 月 19 日　中华人民共和国国务院令第 691 号修订

第一条　在中华人民共和国境内销售货物……的单位和个人，为增值税的纳税人，应当依照本条例缴纳增值税。

第二条　增值税税率：

（一）纳税人销售货物……，除本条第二项、第四项、第五项另有规定外，税率为 17%。

……

第四条　除本条例第十一条规定外，纳税人销售货物……（以下统称应税销售行为），应纳税额为当期销项税额抵扣当期进项税额后的余额。应纳税额计算公式：

应纳税额＝当期销项税额－当期进项税额

当期销项税额小于当期进项税额不足抵扣时，其不足部分可以结转下期继续抵扣。

第五条　纳税人发生应税销售行为，按照销售额和本条例第二条规定的税率计算收取的增值税额，为销项税额。销项税额计算公式：

销项税额＝销售额×税率

中华人民共和国增值税暂行条例实施细则

2011年10月28日　财政部令第65号修订

第二条　条例第一条所称货物，是指有形动产……

第三条　条例第一条所称销售货物，是指有偿转让货物的所有权。

……

本细则所称有偿，是指从购买方取得货币……

财政部　税务总局关于调整增值税税率的通知

2018年4月4日　财税〔2018〕32号

一、纳税人发生增值税应税销售行为……，原适用17%……税率的，税率分别调整为16%……

六、本通知自2018年5月1日起执行。……

财政部 税务总局 海关总署
关于深化增值税改革有关政策的公告

2019年3月20日 财政部 税务总局 海关总署公告2019年第39号

一、增值税一般纳税人（以下称纳税人）发生增值税应税销售行为……，原适用16%税率的，税率调整为13%；……

九、本公告自2019年4月1日起执行。

划重点 消痛点

本案例中，假定D公司上期留抵税额为1300元，则D公司拍卖转让该批原材料应缴纳的增值税计算如下：

应纳税额 = 当期销项税额 − 当期进项税额 − 上期留抵税额
= 50000 ÷（1 + 13%）× 13%−0−1300
= 4452.21（元）

第16集 破产企业拍卖转让原材料，其应缴纳的城市维护建设税应如何计算确定？

承第14集案例。

提问：林老师，D公司城市维护建设税的适用税率为7%，则D公司拍卖转让该批原材料，其应缴纳的城市维护建设税应如何计算确定？

扫码看视频

林老师解答

D公司拍卖转让该批原材料应缴纳的城市维护建设税计算如下：

应纳税额 = 实际缴纳的增值税、消费税税额 × 适用税率
= 5752.21 × 7%
= 402.65（元）

TAX 政策依据

中华人民共和国城市维护建设税法

2020年8月11日 中华人民共和国主席令第五十一号

第一条 在中华人民共和国境内缴纳增值税、消费税的单位和个人，为城市维护建设税的纳税人，应当依照本法规定缴纳城市维护建设税。

第二条 城市维护建设税以纳税人依法实际缴纳的增值税、消费税税额为计税依据。

……

第五条 城市维护建设税的应纳税额按照计税依据乘以具体适用税率计算。

……

第十一条 本法自2021年9月1日起施行。……

财政部 税务总局
关于城市维护建设税计税依据确定办法等事项的公告

2021年8月24日 财政部 税务总局公告2021年第28号

一、城市维护建设税以纳税人依法实际缴纳的增值税、消费税税额（以下简称两税税额）为计税依据。

依法实际缴纳的两税税额，是指纳税人依照增值税、消费税相关法

律法规和税收政策规定计算的应当缴纳的两税税额（不含因进口货物或境外单位和个人向境内销售劳务、服务、无形资产缴纳的两税税额），加上增值税免抵税额，扣除直接减免的两税税额和期末留抵退税退还的增值税税额后的金额。

直接减免的两税税额，是指依照增值税、消费税相关法律法规和税收政策规定，直接减征或免征的两税税额，不包括实行先征后返、先征后退、即征即退办法退还的两税税额。

……

三、本公告自2021年9月1日起施行。

国家税务总局关于城市维护建设税
征收管理有关事项的公告

2021年8月31日　国家税务总局公告2021年第26号

一、城建税以纳税人依法实际缴纳的增值税、消费税（以下称两税）税额为计税依据。

依法实际缴纳的增值税税额，是指纳税人依照增值税相关法律法规和税收政策规定计算应当缴纳的增值税税额，加上增值税免抵税额，扣除直接减免的增值税税额和期末留抵退税退还的增值税税额（以下简称留抵退税额）后的金额。

……

八、本公告自2021年9月1日起施行。……

溪发说税之企业破产涉税事项篇

第 17 集
破产企业拍卖转让原材料，其应缴纳的教育费附加应如何计算确定？

承第 14 集案例。

提问：林老师，D 公司拍卖转让该批原材料，其应缴纳的教育费附加应如何计算确定？

林老师解答

D 公司拍卖转让该批原材料应缴纳的教育费附加计算如下：

应缴纳的教育费附加
= 实际缴纳的增值税、消费税税额 × 教育费附加征收率
= 5752.21 × 3%
= 172.57（元）

TAX 政策依据

征收教育费附加的暂行规定

2011 年 1 月 8 日　中华人民共和国国务院令第 588 号

第二条　凡缴纳消费税、增值税、营业税的单位和个人，除按照《国务院关于筹措农村学校办学经费的通知》(国发〔1984〕174 号文) 的规定，缴纳农村教育事业费附加的单位外，都应当依照本规定缴纳教育费附加。

第三条　教育费附加，以各单位和个人实际缴纳的增值税、营业税、消费税的税额为计征依据，教育费附加率为 3%，分别与增值税、营业税、消费税同时缴纳。

第三章　破产财产变价出售

第 18 集
破产企业拍卖转让原材料，
其应缴纳的地方教育附加应如何计算确定？

承第 14 集案例。

提问：林老师，D 公司拍卖转让该批原材料，其应缴纳的地方教育附加应如何计算确定？

林老师解答

D 公司拍卖转让该批原材料应缴纳的地方教育附加计算如下：

应缴纳的地方教育附加
= 实际缴纳的增值税、消费税税额 × 地方教育附加征收率
= 5752.21 × 2%
= 115.04（元）

TAX 政策依据

财政部关于统一地方教育附加政策有关问题的通知

2010 年 11 月 7 日　财综〔2010〕98 号

一、统一开征地方教育附加。尚未开征地方教育附加的省份，省级财政部门应按照《教育法》的规定，根据本地区实际情况尽快研究制定开征地方教育附加的方案，报省级人民政府同意后，由省级人民政府于 2010 年 12 月 31 日前报财政部审批。

二、统一地方教育附加征收标准。地方教育附加征收标准统一为单位和个人（包括外商投资企业、外国企业及外籍个人）实际缴纳的增值

税、营业税和消费税税额的2%。已经财政部审批且征收标准低于2%的省份，应将地方教育附加的征收标准调整为2%，调整征收标准的方案由省级人民政府于2010年12月31日前报财政部审批。

第19集

破产企业拍卖转让原材料，其应缴纳的印花税应如何计算确定？

承第14集案例。

提问：林老师，D公司拍卖转让该批原材料，其应缴纳的印花税应如何计算确定？

林老师解答

D公司拍卖转让该批原材料应缴纳的印花税计算如下：

应纳税额 = 计税依据 × 适用税率
　　　　 = 50000 × 0.03%
　　　　 = 15（元）

[TAX] 政策依据

中华人民共和国印花税法

2021年6月10日　中华人民共和国主席令第八十九号

第一条　在中华人民共和国境内书立应税凭证……的单位和个人，为印花税的纳税人，应当依照本法规定缴纳印花税。

第二条　本法所称应税凭证，是指本法所附《印花税税目税率表》列明的合同……

第四条 印花税的税目、税率，依照本法所附《印花税税目税率表》执行。

第五条 印花税的计税依据如下：

（一）应税合同的计税依据，为合同所列的金额，不包括列明的增值税税款；

……

第八条 印花税的应纳税额按照计税依据乘以适用税率计算。

……

第二十条 本法自 2022 年 7 月 1 日起施行。……

附：

印花税税目税率表

税　目		税　率	备　注
合同（指书面合同）	……	……	……
	……	……	
	买卖合同	价款的万分之三	指动产买卖合同（不包括个人书立的动产买卖合同）
	……	……	
	……	……	
	……	……	……
	……	……	……
	……	……	
	……	……	
	……	……	……

财政部　税务总局
关于印花税若干事项政策执行口径的公告

2022年6月12日　财政部　税务总局公告2022年第22号

一、关于纳税人的具体情形

……

（三）按买卖合同……税目缴纳印花税的拍卖成交确认书纳税人，为拍卖标的的产权人和买受人，不包括拍卖人。

二、关于应税凭证的具体情形

……

（二）企业之间书立的确定买卖关系、明确买卖双方权利义务的订单、要货单等单据，且未另外书立买卖合同的，应当按规定缴纳印花税。

……

本公告自2022年7月1日起施行。

第二节　拍卖转让车辆

第 20 集　破产企业拍卖转让车辆，其应缴纳的增值税应如何计算确定？

H 公司是一家破产清算企业。

2022 年 11 月，管理人根据 H 公司破产清算案第一次债权人会议通过的《破产财产变价方案》，依托破产拍卖平台在网上拍卖 H 公司名下的一辆汽车；《竞买公告》和《竞买须知》规定，拍卖转让该辆汽车所产生的税费由买卖双方按照税收法规等规定各自缴纳。

2022 年 12 月，买受人 I 公司通过公开竞价竞得上述拍卖标的物，成交价为 4.12 万元。I 公司于当月与 H 公司管理人签署了《拍卖成交确认书》，该《拍卖成交确认书》确认的成交价为 4.12 万元。

H 公司属于增值税一般纳税人，不属于小型微利企业。2022 年 12 月，H 公司除拍卖转让该辆汽车外，未发生其他购销业务。该辆汽车属于应征消费税的小汽车，由 H 公司于 2012 年 4 月购入自用并计入固定资产，其进项税额未抵扣。

H 公司拍卖转让该辆汽车，选择适用简易计税方法计算缴纳增值税。

提问：林老师，H 公司拍卖转让该辆汽车，其应缴纳的增值税应如何计算确定？

> 林老师解答

H公司拍卖转让该辆汽车应缴纳的增值税计算如下：

销售额 = 含税销售额 ÷（1 + 3%）
　　　 = 41200 ÷（1 + 3%）
　　　 = 40000（元）

应纳税额 = 销售额 × 2%
　　　　 = 40000 × 2%
　　　　 = 800（元）

TAX 政策依据

国家税务总局关于一般纳税人销售自己使用过的固定资产增值税有关问题的公告

2012年1月6日　国家税务总局公告2012年第1号

增值税一般纳税人销售自己使用过的固定资产，属于以下两种情形的，可按简易办法依4%征收率减按2%征收增值税，同时不得开具增值税专用发票：

……

二、增值税一般纳税人发生按简易办法征收增值税应税行为，销售其按照规定不得抵扣且未抵扣进项税额的固定资产。

本公告自2012年2月1日起施行。……

国家税务总局关于简并增值税征收率有关问题的公告

2014年6月27日　国家税务总局公告2014年第36号

五、将《国家税务总局关于一般纳税人销售自己使用过的固定资产增值税有关问题的公告》（国家税务总局公告2012年第1号）中"可按简易办法依4%征收率减半征收增值税"，修改为"可按简易办法依

3%征收率减按2%征收增值税"。

六、纳税人适用按照简易办法依3%征收率减按2%征收增值税政策的，按下列公式确定销售额和应纳税额：

销售额=含税销售额÷（1+3%）

应纳税额=销售额×2%

……

七、本公告自2014年7月1日起施行。

划重点 消痛点

本案例中，假定H公司选择适用一般计税方法计算缴纳增值税，其当月可以抵扣的进项税额、上期留抵税额和上期结转的加计抵减额余额均为零，则H公司拍卖转让该辆汽车应缴纳的增值税计算如下：

应纳税额 = 当期销项税额 − 当期进项税额
= 41200÷（1+13%）×13% − 0
= 4739.82（元）

知识链接

1. 什么是简易计税方法？

简易计税方法适用于增值税小规模纳税人及一般纳税人特定销售项目，其应纳税额计算公式为：

当期应纳增值税 = 当期销售额 × 征收率

2. 什么是一般计税方法？

一般计税方法适用于增值税一般纳税人（特定销售项目除外），其应纳税额计算公式为：

当期应纳增值税 = 当期销项税额 − 当期进项税额

第 21 集
破产企业拍卖转让车辆，其应缴纳的城市维护建设税、教育费附加、地方教育附加应如何计算确定？

承第 20 集案例。

提问：林老师，H 公司城市维护建设税的适用税率为 5%，H 公司拍卖转让该辆汽车，其应缴纳的城市维护建设税、教育费附加、地方教育附加应如何计算确定？

林老师解答

H 公司拍卖转让该辆汽车应缴纳的城市维护建设税、教育费附加、地方教育附加计算如下：

应缴纳的城市维护建设税
= 实际缴纳的增值税、消费税税额 × 适用税率
= 800 × 5%
= 40（元）

应缴纳的教育费附加
= 实际缴纳的增值税、消费税税额 × 教育费附加征收率
= 800 × 3%
= 24（元）

应缴纳的地方教育附加
= 实际缴纳的增值税、消费税税额 × 地方教育附加征收率
= 800 × 2%
= 16（元）

第 22 集

破产企业拍卖转让车辆，其应缴纳的印花税应如何计算确定？

承第 20 集案例。

提问：林老师，H 公司拍卖转让该辆汽车，其应缴纳的印花税应如何计算确定？

林老师解答

H 公司拍卖转让该辆汽车应缴纳的印花税计算如下：

应纳税额 = 计税依据 × 适用税率
= 41200 × 0.03%
= 12.36（元）

第三节 拍卖转让设备

第23集
破产企业拍卖转让设备，其应缴纳的增值税应如何计算确定？

J公司是一家破产清算企业。

2022年11月，管理人根据J公司破产清算案第一次债权人会议通过的《破产财产变价方案》，依托破产拍卖平台在网上拍卖J公司的一批设备；《竞买公告》和《竞买须知》规定，拍卖转让该批设备所产生的税费由买卖双方按照税收法规等规定各自缴纳。

2022年12月，买受人K公司通过公开竞价竞得上述拍卖标的物，成交价为9000元。K公司于当月与J公司管理人签署了《拍卖成交确认书》，该《拍卖成交确认书》确认的成交价为9000元。

J公司属于增值税一般纳税人，不属于小型微利企业。2022年12月，J公司除拍卖转让该批设备外，未发生其他销售业务，其当月可以抵扣的进项税额为130元，上期留抵税额和上期结转的加计抵减额余额均为零。

提问：林老师，J公司拍卖转让该批设备，其应缴纳的增值税应如何计算确定？

林老师解答

J 公司拍卖转让该批设备应缴纳的增值税计算如下：

应纳税额 = 当期销项税额 − 当期进项税额

= 9000 ÷（1 + 13%）× 13% − 130

= 1035.40 − 130

= 905.40（元）

第 24 集

破产企业拍卖转让设备，其应缴纳的城市维护建设税、教育费附加、地方教育附加应如何计算确定？

承第 23 集案例。

提问：林老师，J 公司城市维护建设税的适用税率为 1%，J 公司拍卖转让该批设备，其应缴纳的城市维护建设税、教育费附加、地方教育附加应如何计算确定？

林老师解答

J 公司拍卖转让该批设备应缴纳的城市维护建设税、教育费附加、地方教育附加计算如下：

应缴纳的城市维护建设税

= 实际缴纳的增值税、消费税税额 × 适用税率

= 905.40 × 1%

= 9.05（元）

应缴纳的教育费附加
= 实际缴纳的增值税、消费税税额 × 教育费附加征收率
= 905.40 × 3%
= 27.16（元）

应缴纳的地方教育附加
= 实际缴纳的增值税、消费税税额 × 地方教育附加征收率
= 905.40 × 2%
= 18.11（元）

第 25 集

破产企业拍卖转让设备，其应缴纳的印花税应如何计算确定？

承第 23 集案例。

提问：林老师，J 公司拍卖转让该批设备，其应缴纳的印花税应如何计算确定？

林老师解答

J 公司拍卖转让该批设备应缴纳的印花税计算如下：

应纳税额 = 计税依据 × 适用税率
= 9000 × 0.03%
= 2.70（元）

第四节　拍卖转让股票

第26集　破产企业拍卖转让股票，其应缴纳的增值税应如何计算确定？

L公司是一家破产清算企业。

2022年11月，管理人根据L公司破产清算案第一次债权人会议通过的《破产财产变价方案》，依托破产拍卖平台在网上拍卖L公司所持有的M上市公司股票5万股；《竞买公告》和《竞买须知》规定，拍卖转让该股票所产生的税费由买卖双方按照税收法规等规定各自缴纳。

2022年12月，买受人N公司通过公开竞价竞得上述拍卖标的物，成交价为100万元。

L公司属于增值税一般纳税人，不属于小型微利企业。2022年12月，L公司除拍卖转让该股票外，未发生其他购销业务，其当月可以抵扣的进项税额、上期留抵税额和上期结转的加计抵减额余额均为零。

该股票由L公司于2018年5月购入，买入价为80万元。

提问：林老师，L公司拍卖转让该股票，其应缴纳的增值税应如何计算确定？

> **林老师解答**

L 公司拍卖转让该股票应缴纳的增值税计算如下：

销售额 = 卖出价 − 买入价

　　　= （100 − 80）÷（1 + 6%）

　　　= 18.87（万元）

应纳税额 = 销售额 × 6%

　　　　= 18.87 × 6%

　　　　= 1.13（万元）

政策依据

中华人民共和国增值税暂行条例

2017 年 11 月 19 日　中华人民共和国国务院令第 691 号修订

第一条　在中华人民共和国境内……销售服务……的单位和个人，为增值税的纳税人，应当依照本条例缴纳增值税。

第二条　增值税税率：

……

（三）纳税人销售服务……，除本条第一项、第二项、第五项另有规定外，税率为 6%。

财政部　国家税务总局
关于全面推开营业税改征增值税试点的通知

2016 年 3 月 23 日　财税〔2016〕36 号

……

本通知附件规定的内容，除另有规定执行时间外，自 2016 年 5 月 1 日起执行。……

附件1：

营业税改征增值税试点实施办法

第一条 在中华人民共和国境内（以下称境内）销售服务……（以下称应税行为）的单位和个人，为增值税纳税人，应当按照本办法缴纳增值税，不缴纳营业税。

单位，是指企业、行政单位、事业单位、军事单位、社会团体及其他单位。

……

第九条 应税行为的具体范围，按照本办法所附的《销售服务、无形资产、不动产注释》执行。

……

第十五条 增值税税率：

（一）纳税人发生应税行为，除本条第（二）项、第（三）项、第（四）项规定外，税率为6%。

……

附：

销售服务、无形资产、不动产注释

一、销售服务

销售服务，是指提供……金融服务……

（五）金融服务。

……

4.金融商品转让。

金融商品转让，是指转让……有价证券……所有权的业务活动。

附件2：

营业税改征增值税试点有关事项的规定

一、营改增试点期间，试点纳税人[指按照《营业税改征增值税试点实施办法》（以下称《试点实施办法》）缴纳增值税的纳税人]

有关政策

……

（三）销售额。

……

3. 金融商品转让，按照卖出价扣除买入价后的余额为销售额。

第 27 集　破产企业拍卖转让上市公司首次公开发行股票并上市形成的限售股，在计算缴纳增值税时，该限售股的买入价应如何计算确定？

P 公司是一家破产清算企业。

2022 年 11 月，管理人根据 P 公司破产清算案第一次债权人会议通过的《破产财产变价方案》，依托破产拍卖平台在网上拍卖 P 公司所持有的 Q 上市公司股票 12 万股，该股票属于 Q 公司首次公开发行股票并上市形成的限售股，其发行价为每股 6 元，P 公司取得该限售股的实际成本价为每股 2 元；《竞买公告》和《竞买须知》规定，拍卖转让该股票所产生的税费由买卖双方按照税收法规等规定各自缴纳。

2022 年 12 月，买受人 R 公司通过公开竞价竞得上述拍卖标的物，成交价为 120 万元。P 公司拍卖转让该限售股时，该限售股已解禁并可上市流通。

P 公司属于增值税一般纳税人，不属于小型微利企业。2022 年 12 月，P 公司除拍卖转让该股票外，未发生其他购销业务。

提问：林老师，P 公司拍卖转让该限售股，在计算缴纳增值税时，该限售股的买入价应如何计算确定？

第三章　破产财产变价出售

林老师解答

该限售股的买入价计算如下：

买入价 = 12 × 6 ÷ (1 + 6%)
　　　 = 67.92（万元）

TAX 政策依据

国家税务总局关于营改增试点若干征管问题的公告

2016年8月18日　国家税务总局公告2016年第53号

五、单位将其持有的限售股在解禁流通后对外转让的，按照以下规定确定买入价：

……

（二）公司首次公开发行股票并上市形成的限售股，……以该上市公司股票首次公开发行（IPO）的发行价为买入价。

……

十、本公告自2016年9月1日起施行，……

划重点　消痛点

本案例中，假定在 P 公司所持有的 12 万股 Q 公司股票中，有 1.1 万股属于 Q 公司首次公开发行股票并上市形成的限售股在上市首日至解禁日期间孳生的送、转股，则根据国家税务总局公告2016年第53号第五条第（二）项的规定，P 公司转让的 1.1 万股股票也是以 Q 公司股票首次公开发行（IPO）的发行价为买入价。

溪发说税之企业破产涉税事项篇

第 28 集
破产企业拍卖转让因上市公司实施重大资产重组形成的限售股，在计算缴纳增值税时，该限售股的买入价应如何计算确定？

S 公司是一家破产清算企业。

2022 年 11 月，管理人根据 S 公司破产清算案第一次债权人会议通过的《破产财产变价方案》，依托破产拍卖平台在网上拍卖 S 公司所持有的 T 上市公司股票 15 万股，该股票属于 T 公司实施重大资产重组形成的限售股，T 公司因实施重大资产重组多次停牌，中国证券监督管理委员会就 T 公司重大资产重组申请作出予以核准决定前的最后一次停牌前一交易日的收盘价为每股 4 元，S 公司取得该限售股的实际成本价为每股 5 元；《竞买公告》和《竞买须知》规定，拍卖转让该股票所产生的税费由买卖双方按照税收法规等规定各自缴纳。

2022 年 12 月，买受人 U 公司通过公开竞价竞得上述拍卖标的物，成交价为 100 万元。S 公司拍卖转让该限售股时，该限售股已解禁并可上市流通。

S 公司属于增值税一般纳税人，不属于小型微利企业。2022 年 12 月，S 公司除拍卖转让该股票外，未发生其他购销业务。

提问：林老师，S 公司拍卖转让该限售股，在计算缴纳增值税时，该限售股的买入价应如何计算确定？

林老师解答

该限售股的买入价计算如下：

买入价 = 15 × 5 ÷（1 + 6%）
　　　 = 70.75（万元）

> 📋 **政策依据**

国家税务总局关于营改增试点若干征管问题的公告

2016年8月18日　国家税务总局公告2016年第53号

五、单位将其持有的限售股在解禁流通后对外转让的，按照以下规定确定买入价：

……

（三）因上市公司实施重大资产重组形成的限售股，……以该上市公司因重大资产重组股票停牌前一交易日的收盘价为买入价。

国家税务总局关于明确二手车经销等若干增值税征管问题的公告

2020年4月23日　国家税务总局公告2020年第9号

四、单位将其持有的限售股在解禁流通后对外转让，按照《国家税务总局关于营改增试点若干征管问题的公告》（2016年第53号）第五条规定确定的买入价，低于该单位取得限售股的实际成本价的，以实际成本价为买入价计算缴纳增值税。

……

八、本公告第一条至第五条自2020年5月1日起施行；……

国家税务总局关于国内旅客运输服务进项税抵扣等增值税征管问题的公告

2019年9月16日　国家税务总局公告2019年第31号

十、关于限售股买入价的确定

……

（二）上市公司因实施重大资产重组多次停牌的，《国家税务总局关于营改增试点若干征管问题的公告》（国家税务总局公告2016年第

53号发布，国家税务总局公告2018年第31号修改）第五条第（三）项所称的"股票停牌"，是指中国证券监督管理委员会就上市公司重大资产重组申请作出予以核准决定前的最后一次停牌。

……

十四、关于本公告的执行时间

……本公告第五条至第十二条自2019年10月1日起施行。……

第29集
破产企业拍卖转让因同时实施股权分置改革和重大资产重组而首次公开发行股票并上市形成的限售股，在计算缴纳增值税时，该限售股的买入价应如何计算确定？

V公司是一家破产清算企业。

2022年11月，管理人根据V公司破产清算案第一次债权人会议通过的《破产财产变价方案》，依托破产拍卖平台在网上拍卖V公司所持有的W上市公司股票20万股，该股票属于W公司因同时实施股权分置改革和重大资产重组而首次公开发行股票并上市形成的限售股，该上市公司股票上市首日开盘价为每股8元，V公司取得该限售股的实际成本价为每股4元；《竞买公告》和《竞买须知》规定，拍卖转让该股票所产生的税费由买卖双方按照税收法规等规定各自缴纳。

2022年12月，买受人X公司通过公开竞价竞得上述拍卖标的物，成交价为200万元。V公司拍卖转让该限售股时，该限售股已解禁并可上市流通。

V公司属于增值税一般纳税人，不属于小型微利企业。2022年12月，V公司除拍卖转让该股票外，未发生其他购销业务。

提问：林老师，V公司拍卖转让该限售股，在计算缴纳增值税时，该限售股的买入价应如何计算确定？

第三章　破产财产变价出售

林老师解答

该限售股的买入价计算如下：

买入价 = 20 × 8 ÷（1 + 6%）

　　　 = 150.94（万元）

📋 政策依据

国家税务总局关于国内旅客运输服务进项税抵扣等增值税征管问题的公告

2019 年 9 月 16 日　国家税务总局公告 2019 年第 31 号

十、关于限售股买入价的确定

（一）纳税人转让因同时实施股权分置改革和重大资产重组而首次公开发行股票并上市形成的限售股，……以该上市公司股票上市首日开盘价为买入价，按照"金融商品转让"缴纳增值税。

第 30 集　破产企业拍卖转让无偿取得的股票，其应缴纳的增值税应如何计算确定？

扫码看视频

　　A 公司是一家破产清算企业。

　　2022 年 11 月，管理人根据 A 公司破产清算案第一次债权人会议通过的《破产财产变价方案》，依托破产拍卖平台在网上拍卖 A 公司所持有的 B 上市公司股票 10 万股；《竞买公告》和《竞买须知》规定，拍卖转让该股票所产生的税费由买卖双方按照税收法规等规定各自缴纳。

　　2022 年 12 月，买受人 C 公司通过公开竞价竞得上述拍卖标的物，成交价为150万元。

A公司属于增值税一般纳税人，不属于小型微利企业。2022年12月，A公司除拍卖转让该股票外，未发生其他购销业务，其当月可以抵扣的进项税额、上期留抵税额和上期结转的加计抵减额余额均为零。

该股票由A公司于2020年10月从D公司无偿取得，D公司原买入价为110万元。

提问：林老师，A公司拍卖转让无偿取得的股票，其应缴纳的增值税应如何计算确定？

林老师解答

A公司拍卖转让无偿取得的股票，其应缴纳的增值税计算如下：

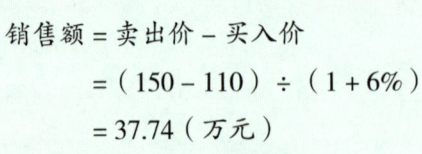

销售额 = 卖出价 − 买入价

$= (150 - 110) \div (1 + 6\%)$

$= 37.74$（万元）

应纳税额 = 销售额 × 6%

$= 37.74 \times 6\%$

$= 2.26$（万元）

TAX 政策依据

财政部　税务总局
关于明确无偿转让股票等增值税政策的公告

2020年9月29日　财政部　税务总局公告2020年第40号

一、纳税人无偿转让股票时，转出方以该股票的买入价为卖出价，按照"金融商品转让"计算缴纳增值税；在转入方将上述股票再转让时，以原转出方的卖出价为买入价，按照"金融商品转让"计算

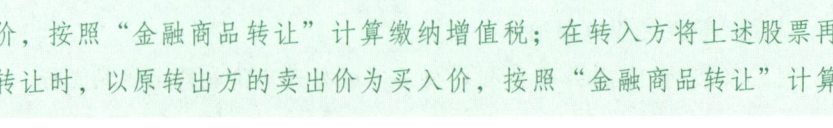

缴纳增值税。

......

四、本公告自发布之日起执行。......

第 31 集
破产企业拍卖转让无偿取得的股票，其应缴纳的印花税应如何计算确定？

承第 30 集案例。

提问：林老师，A 公司拍卖转让无偿取得的股票，其应缴纳的印花税应如何计算确定？

林老师解答

A 公司拍卖转让无偿取得的股票应缴纳的印花税计算如下：

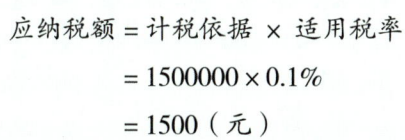

应纳税额 = 计税依据 × 适用税率
　　　　 = 1500000 × 0.1%
　　　　 = 1500（元）

TAX 政策依据

中华人民共和国印花税法

2021 年 6 月 10 日　中华人民共和国主席令第八十九号

第一条　在中华人民共和国境内……进行证券交易的单位和个人，为印花税的纳税人，应当依照本法规定缴纳印花税。

......

> 第三条 本法所称证券交易，是指转让在依法设立的证券交易所、国务院批准的其他全国性证券交易场所交易的股票和以股票为基础的存托凭证。
>
> 证券交易印花税对证券交易的出让方征收……
>
> 第五条 印花税的计税依据如下：
>
> ……
>
> （四）证券交易的计税依据，为成交金额。
>
> ……
>
> 第八条 印花税的应纳税额按照计税依据乘以适用税率计算。
>
> 附：
>
> 印花税税目税率表
>
> | 税 目 | 税 率 | 备 注 |
> |---|---|---|
> | …… | …… | …… |
> | 证券交易 | 成交金额的千分之一 | |

划重点 消痛点

根据《中华人民共和国印花税法》第三条第二款的规定，证券交易印花税不对受让方征收。

第五节　拍卖转让非上市公司股权

第 32 集

破产企业拍卖转让非上市公司股权，需要缴纳增值税吗？

E公司是一家破产清算企业。

2022年11月，管理人根据E公司破产清算案第一次债权人会议通过的《破产财产变价方案》，依托破产拍卖平台在网上拍卖E公司持有的F公司10%股权，该股权不属于有价证券，E公司取得该股权所发生的成本为800万元；F公司属于非上市公司。《竞买公告》和《竞买须知》规定，拍卖转让该股权所产生的税费由买卖双方按照税收法规等规定各自缴纳。

2022年12月，买受人G公司通过公开竞价竞得上述拍卖标的物，成交价为1000万元。G公司于当月与E公司管理人签署了《拍卖成交确认书》，该《拍卖成交确认书》确认的成交价为1000万元。该股权转让于2022年12月生效、并于当月完成股权变更手续。

E公司属于增值税一般纳税人，不属于小型微利企业。2022年12月，E公司除拍卖转让该股权外，未发生其他购销业务。

提问：林老师，E公司拍卖转让该股权，需要缴纳增值税吗？

溪发说税之企业破产涉税事项篇

林老师解答

E 公司拍卖转让该股权，不属于金融商品转让，不需要缴纳增值税。

TAX 政策依据

财政部　国家税务总局
关于全面推开营业税改征增值税试点的通知

2016 年 3 月 23 日　财税〔2016〕36 号

附件 1：

营业税改征增值税试点实施办法

附：

销售服务、无形资产、不动产注释

一、销售服务

销售服务，是指提供……金融服务……

（五）金融服务。

……

4.金融商品转让。

金融商品转让，是指转让……有价证券……所有权的业务活动。

第 33 集

破产企业拍卖转让非上市公司股权，其应缴纳的印花税应如何计算确定？

承第 32 集案例。

提问：林老师，E 公司拍卖转让该股权，其应缴纳的印花税应如何计算确定？

林老师解答

E 公司拍卖转让该股权应缴纳的印花税计算如下：

应纳税额 = 计税依据 × 适用税率
　　　　 = 10000000 × 0.05%
　　　　 = 5000（元）

政策依据

中华人民共和国印花税法

2021 年 6 月 10 日　中华人民共和国主席令第八十九号

第一条　在中华人民共和国境内书立应税凭证……的单位和个人，为印花税的纳税人，应当依照本法规定缴纳印花税。

……

第二条　本法所称应税凭证，是指本法所附《印花税税目税率表》列明的……产权转移书据……

第五条　印花税的计税依据如下：

……

（二）应税产权转移书据的计税依据，为产权转移书据所列的金额，不包括列明的增值税税款；

......

第八条 印花税的应纳税额按照计税依据乘以适用税率计算。

附：

印花税税目税率表

税目		税率	备注
产权转移书据	......	......	转让包括买卖（出售）、继承、赠与、互换、分割
	股权转让书据（不包括应缴纳证券交易印花税的）	价款的万分之五	
	......	......	

财政部 税务总局
关于印花税若干事项政策执行口径的公告

2022年6月12日 财政部 税务总局公告2022年第22号

一、关于纳税人的具体情形

......

（三）按......产权转移书据税目缴纳印花税的拍卖成交确认书纳税人，为拍卖标的的产权人和买受人，不包括拍卖人。

第 34 集

破产企业拍卖转让非上市公司股权，应于何时确认股权转让收入？

承第 32 集案例。

提问：林老师，E 公司应于何时确认该项股权转让的企业所得税收入？

林老师解答

E 公司应于 2022 年 12 月确认该项股权转让收入。

政策依据

国家税务总局关于贯彻落实企业所得税法若干税收问题的通知

2010 年 2 月 22 日　国税函〔2010〕79 号

三、关于股权转让所得确认和计算问题

企业转让股权收入，应于转让协议生效、且完成股权变更手续时，确认收入的实现。……

第 35 集

破产企业拍卖转让非上市公司股权，在计算股权转让所得时，可以扣除股东留存收益吗？

承第 32 集案例。

提问：林老师，截止股权转让前，被投资企业 F 公司的所有者权益为 9000 万元，其中：实收资本为 8000 万元，未分配利润和盈余公积为 1000 万元。按 E 公司持有 F 公司 10% 股权计算，被投资企业 F 公司未分配利润和盈余公积等留存收益中，按该项股权所可能分配的属于 E 公司的金额为 100 万元。E 公司在计算该项股权转让所得时，可以扣除被投资企业 F 公司股东留存收益中属于 E 公司的份额 100 万元吗？

林老师解答

不可以。

政策依据

国家税务总局关于贯彻落实企业所得税法若干税收问题的通知

2010 年 2 月 22 日　国税函〔2010〕79 号

三、关于股权转让所得确认和计算问题

……企业在计算股权转让所得时，不得扣除被投资企业未分配利润等股东留存收益中按该项股权所可能分配的金额。

第三章　破产财产变价出售

第 36 集
破产企业拍卖转让非上市公司股权，其股权转让所得应如何计算确定？

扫码看视频

承第 32 集案例。

提问： 林老师，E 公司转让该项股权，除缴纳印花税外未发生其他税费，则 E 公司在计算缴纳企业所得税时，其股权转让所得应如何计算确定？

林老师解答

E 公司该项股权转让所得计算如下：

股权转让所得
= 转让股权收入 – 取得该股权所发生的成本 – 相关税费
= 1000 – 800 – 0.5
= 199.5（万元）

TAX 政策依据

**国家税务总局关于贯彻落实企业所得税法
若干税收问题的通知**

2010 年 2 月 22 日　国税函〔2010〕79 号

三、关于股权转让所得确认和计算问题

……转让股权收入扣除为取得该股权所发生的成本后，为股权转让所得。……

> 划重点 消痛点

本案例中,假定 E 公司不是专门从事股权(股票)投资业务的企业,按核定应税所得率方式核定征收企业所得税,其主营项目(业务)适用的应税所得率为 10%,企业所得税适用税率为 25%,则根据《国家税务总局关于企业所得税核定征收有关问题的公告》(国家税务总局公告 2012 年第 27 号)第二条的规定,E 公司该项股权转让收入应缴纳的企业所得税计算如下:

应纳税额 = 股权转让收入 × 应税所得率 × 适用税率
　　　　 = 1000 × 10% × 25%
　　　　 = 25(万元)

第六节　拍卖转让知识产权

第 37 集

破产企业拍卖转让商标，其应缴纳的增值税应如何计算确定？

扫码看视频

H公司是一家破产清算企业。

2022年11月，管理人根据H公司破产清算案第一次债权人会议通过的《破产财产变价方案》，依托破产拍卖平台在网上拍卖H公司持有的15项商标注册证；《竞买公告》和《竞买须知》规定，拍卖转让该商标所产生的税费由买卖双方按照税收法规等规定各自缴纳。

2022年12月，买受人I公司通过公开竞价竞得上述拍卖标的物，成交价为2万元。I公司于当月与H公司管理人签署了《拍卖成交确认书》，该《拍卖成交确认书》确认的成交价为2万元。

H公司属于增值税一般纳税人，不属于小型微利企业。2022年12月，H公司除拍卖转让该商标外，未发生其他购销业务，其当月可以抵扣的进项税额、上期留抵税额和上期结转的加计抵减额余额均为零。

提问：林老师，H公司拍卖转让该商标，其应缴纳的增值税应如何计算确定？

林老师解答

H公司拍卖转让该商标应缴纳的增值税计算如下：

应纳税额 = 当期销项税额 − 当期进项税额

$= 20000 \div (1 + 6\%) \times 6\% - 0$

$= 1132.08$（元）

TAX 政策依据

中华人民共和国增值税暂行条例

2017年11月19日　中华人民共和国国务院令第691号修订

第二条　增值税税率：

……

（三）纳税人销售……无形资产，除本条第一项、第二项、第五项另有规定外，税率为6%。

财政部　国家税务总局
关于全面推开营业税改征增值税试点的通知

2016年3月23日　财税〔2016〕36号

附件1：

营业税改征增值税试点实施办法

第一条　在中华人民共和国境内（以下称境内）销售……无形资产……（以下称应税行为）的单位和个人，为增值税纳税人，应当按照本办法缴纳增值税，不缴纳营业税。

单位，是指企业、行政单位、事业单位、军事单位、社会团体及其他单位。

……

第九条 应税行为的具体范围，按照本办法所附的《销售服务、无形资产、不动产注释》执行。

……

第十五条 增值税税率：

（一）纳税人发生应税行为，除本条第（二）项、第（三）项、第（四）项规定外，税率为6%。

……

附：

销售服务、无形资产、不动产注释

二、销售无形资产

销售无形资产，是指转让无形资产所有权或者使用权的业务活动。无形资产，是指不具实物形态，但能带来经济利益的资产，包括……商标……

第38集 破产企业拍卖转让专利，其应缴纳的增值税应如何计算确定？

扫码看视频

J公司是一家破产清算企业。

2022年11月，管理人根据J公司破产清算案第一次债权人会议通过的《破产财产变价方案》，依托破产拍卖平台在网上拍卖J公司持有的20项专利权证；《竞买公告》和《竞买须知》规定，拍卖转让该专利权所产生的税费由买卖双方按照税收法规等规定各自缴纳。

2022年12月，买受人K公司通过公开竞价竞得上述拍卖标的物，成交价为4万元。K公司于当月与J公司管理人签署了《拍卖成交确认书》，该《拍卖成交确认书》确认的成交价为4万元。J公司拍卖转让该专利权，不符合免征增值税条件。

J公司属于增值税一般纳税人，不属于小型微利企业。2022年12月，J公司除拍卖转让该专利权外，未发生其他购销业务，其当月可以抵扣的进项税额为60元，上期留抵税额和上期结转的加计抵减额余额均为零。

提问：林老师，J公司拍卖转让该专利权，其应缴纳的增值税应如何计算确定？

林老师解答

J公司拍卖转让该专利权应缴纳的增值税计算如下：

$$\begin{aligned}应纳税额 &= 当期销项税额 - 当期进项税额 \\ &= 40000 \div (1+6\%) \times 6\% - 60 \\ &= 2264.15 - 60 \\ &= 2204.15（元）\end{aligned}$$

政策依据

财政部　国家税务总局
关于全面推开营业税改征增值税试点的通知

2016年3月23日　财税〔2016〕36号

附件1：

营业税改征增值税试点实施办法

附：

销售服务、无形资产、不动产注释

二、销售无形资产

销售无形资产，是指转让无形资产所有权或者使用权的业务活动。无形资产，是指不具实物形态，但能带来经济利益的资产，包括技术……

技术，包括专利技术……

第三章 破产财产变价出售

> **划重点 消痛点**

本案例中，假定 J 公司于 2022 年 12 月拍卖转让著作权取得收入 5 万元，则根据《销售服务、无形资产、不动产注释》第二条第一款的规定，J 公司取得的该项收入需要缴纳增值税。

第 39 集

破产企业拍卖转让专利，其应缴纳的印花税应如何计算确定？

承第 38 集案例。

提问：林老师，J 公司拍卖转让该专利权，其应缴纳的印花税应如何计算确定？

> **林老师解答**

J 公司拍卖转让该专利权应缴纳的印花税计算如下：

应纳税额 = 计税依据 × 适用税率

= 40000 × 0.03%

= 12（元）

> **政策依据**

中华人民共和国印花税法

2021 年 6 月 10 日　中华人民共和国主席令第八十九号

第一条　在中华人民共和国境内书立应税凭证……的单位和个人，

65

为印花税的纳税人,应当依照本法规定缴纳印花税。

……

第二条 本法所称应税凭证,是指本法所附《印花税税目税率表》列明的……产权转移书据……

附:

印花税税目税率表

税 目		税 率	备 注
产权转移书据	……	……	转让包括买卖(出售)、继承、赠与、互换、分割
	商标专用权、著作权、专利权、专有技术使用权转让书据	价款的万分之三	

财政部 税务总局
关于印花税若干事项政策执行口径的公告

2022年6月12日 财政部 税务总局公告2022年第22号

一、关于纳税人的具体情形

……

(三)按……产权转移书据税目缴纳印花税的拍卖成交确认书纳税人,为拍卖标的的产权人和买受人,不包括拍卖人。

第七节　拍卖转让自然资源使用权

第 40 集

破产企业拍卖转让采矿权，其应缴纳的增值税应如何计算确定？

扫码看视频

L公司是一家破产清算企业。

2022年11月，管理人根据L公司破产清算案第一次债权人会议通过的《破产财产变价方案》，依托破产拍卖平台在网上拍卖L公司名下的一处铝土矿采矿权；《竞买公告》和《竞买须知》规定，拍卖转让该采矿权所产生的税费由买卖双方按照税收法规等规定各自缴纳。

2022年12月，买受人M公司通过公开竞价竞得上述拍卖标的物，成交价为4000万元。M公司于当月与L公司管理人签署了《拍卖成交确认书》，该《拍卖成交确认书》确认的成交价为4000万元。

L公司属于增值税一般纳税人，不属于小型微利企业。2022年12月，L公司除拍卖转让该采矿权外，未发生其他购销业务，其当月可以抵扣的进项税额、上期留抵税额和上期结转的加计抵减额余额均为零。

提问：林老师，L公司拍卖转让该采矿权，其应缴纳的增值税应如何计算确定？

林老师解答

L公司拍卖转让该采矿权应缴纳的增值税计算如下：

应纳税额 = 当期销项税额 − 当期进项税额
 = 4000 ÷（1 + 6%）× 6% − 0
 = 226.42（万元）

政策依据

财政部　国家税务总局
关于全面推开营业税改征增值税试点的通知

2016年3月23日　财税〔2016〕36号

附件1：

营业税改征增值税试点实施办法

附：

销售服务、无形资产、不动产注释

二、销售无形资产

销售无形资产，是指转让无形资产所有权或者使用权的业务活动。无形资产，是指不具实物形态，但能带来经济利益的资产，包括……自然资源使用权……

自然资源使用权，包括……采矿权……

划重点　消痛点

本案例中，假定L公司于2022年12月拍卖转让探矿权取得收入2000万元，则根据《销售服务、无形资产、不动产注释》第二条第一款、第三款的规定，L公司取得的该项收入需要缴纳增值税。

第 41 集
破产企业拍卖转让海域使用权，其应缴纳的增值税应如何计算确定？

N 公司是一家破产清算企业。

2022 年 11 月，管理人根据 N 公司破产清算案第一次债权人会议通过的《破产财产变价方案》，依托破产拍卖平台在网上拍卖 N 公司名下的一宗海域使用权；《竞买公告》和《竞买须知》规定，拍卖转让该海域使用权所产生的税费由买卖双方按照税收法规等规定各自缴纳。

2022 年 12 月，买受人 P 公司通过公开竞价竞得上述拍卖标的物，成交价为 3000 万元。P 公司于当月与 N 公司管理人签署了《拍卖成交确认书》，该《拍卖成交确认书》确认的成交价为 3000 万元。

N 公司属于增值税一般纳税人，不属于小型微利企业。2022 年 12 月，N 公司除拍卖转让该海域使用权外，未发生其他购销业务，其当月可以抵扣的进项税额、上期留抵税额和上期结转的加计抵减额余额均为零。

提问：林老师，N 公司拍卖转让该海域使用权，其应缴纳的增值税应如何计算确定？

林老师解答

N 公司拍卖转让该海域使用权应缴纳的增值税计算如下：

应纳税额 = 当期销项税额 − 当期进项税额
$= 3000 ÷ (1 + 6\%) × 6\% − 0$
$= 169.81$（万元）

溪发说税之企业破产涉税事项篇

政策依据

财政部　国家税务总局
关于全面推开营业税改征增值税试点的通知

2016 年 3 月 23 日　财税〔2016〕36 号

附件 1：

营业税改征增值税试点实施办法

附：

销售服务、无形资产、不动产注释

二、销售无形资产

销售无形资产，是指转让无形资产所有权或者使用权的业务活动。无形资产，是指不具实物形态，但能带来经济利益的资产，包括……自然资源使用权……

自然资源使用权，包括……海域使用权……

划重点　消痛点

本案例中，假定 N 公司于 2022 年 12 月拍卖转让取水权取得收入 1200 万元，则根据《销售服务、无形资产、不动产注释》第二条第一款、第三款的规定，N 公司取得的该项收入需要缴纳增值税。

第 42 集

破产企业拍卖转让其 2016 年 4 月 30 日前取得的国有土地使用权，其应缴纳的增值税应如何计算确定？

Q 公司是一家破产清算企业。

2022 年 11 月，管理人根据 Q 公司破产清算案第一次债权人会议通过的《破产财产变价方案》，依托破产拍卖平台在网上拍卖 Q 公司名下的一幅工业用地的国有土地使用权；《竞买公告》和《竞买须知》规定，拍卖转让该土地使用权所产生的税费由买卖双方按照税收法规等规定各自缴纳。

2022 年 12 月，买受人 R 公司通过公开竞价竞得上述拍卖标的物，成交价为 6000 万元。R 公司于当月与 Q 公司管理人签署了《拍卖成交确认书》，该《拍卖成交确认书》确认的成交价为 6000 万元。

该土地使用权由 Q 公司于 2016 年 3 月取得，Q 公司支付的地价款和按国家统一规定缴纳的有关费用合计为 5000 万元，缴纳的契税为 150 万元，均取得了合法有效凭证。

Q 公司属于增值税一般纳税人，不属于小型微利企业。2022 年 12 月，Q 公司除拍卖转让该土地使用权外，未发生其他购销业务，其当月可以抵扣的进项税额、上期留抵税额和上期结转的加计抵减额余额均为零。

提问：林老师，Q 公司拍卖转让该土地使用权，选择适用简易计税方法，其应缴纳的增值税应如何计算确定？

林老师解答

Q公司拍卖转让该土地使用权应缴纳的增值税计算如下：

销售额 =（取得的全部价款和价外费用 − 取得该土地使用权的原价）÷（1 + 5%）

= （6000 − 5000）÷（1 + 5%）

= 952.38（万元）

应纳税额 = 销售额 × 5%

= 952.38 × 5%

= 47.62（万元）

政策依据

财政部　国家税务总局
关于全面推开营业税改征增值税试点的通知

2016年3月23日　财税〔2016〕36号

附件1：

营业税改征增值税试点实施办法

附：

销售服务、无形资产、不动产注释

二、销售无形资产

销售无形资产，是指转让无形资产所有权或者使用权的业务活动。无形资产，是指不具实物形态，但能带来经济利益的资产，包括……自然资源使用权……

自然资源使用权，包括土地使用权……

第三章 破产财产变价出售

财政部 国家税务总局
关于进一步明确全面推开营改增试点有关劳务派遣服务、
收费公路通行费抵扣等政策的通知

2016年4月30日 财税〔2016〕47号

三、其他政策

……

(二)……

纳税人转让2016年4月30日前取得的土地使用权,可以选择适用简易计税方法,以取得的全部价款和价外费用减去取得该土地使用权的原价后的余额为销售额,按照5%的征收率计算缴纳增值税。

划重点 消痛点

本案例中,假定Q公司于2022年12月拍卖转让无居民海岛使用权取得收入3200万元,则根据《销售服务、无形资产、不动产注释》第二条第一款、第三款的规定,Q公司取得的该项收入需要缴纳增值税。

第 43 集
破产企业拍卖转让国有土地使用权，其应缴纳的城市维护建设税、教育费附加、地方教育附加应如何计算确定？

承第 42 集案例。

提问：林老师，Q 公司城市维护建设税的适用税率为 7%；Q 公司拍卖转让该土地使用权，选择适用简易计税方法计算缴纳增值税，其应缴纳的城市维护建设税、教育费附加、地方教育附加应如何计算确定？

林老师解答

Q 公司拍卖转让该土地使用权应缴纳的城市维护建设税、教育费附加、地方教育附加计算如下：

应缴纳的城市维护建设税
= 实际缴纳的增值税、消费税税额 × 适用税率
= 47.62 × 7%
= 3.33（万元）

应缴纳的教育费附加
= 实际缴纳的增值税、消费税税额 × 教育费附加征收率
= 47.62 × 3%
= 1.43（万元）

应缴纳的地方教育附加
= 实际缴纳的增值税、消费税税额 × 地方教育附加征收率
= 47.62 × 2%
= 0.95（万元）

第 44 集

破产企业拍卖转让国有土地使用权，其应缴纳的印花税应如何计算确定？

承第 42 集案例。

提问：林老师，Q 公司拍卖转让该土地使用权，其应缴纳的印花税应如何计算确定？

林老师解答

Q 公司拍卖转让该土地使用权应缴纳的印花税计算如下：

应纳税额 = 计税依据 × 适用税率
　　　　 = 6000 × 0.05%
　　　　 = 3（万元）

TAX 政策依据

中华人民共和国印花税法

2021 年 6 月 10 日　中华人民共和国主席令第八十九号

附：

印花税税目税率表

税　目		税　率	备　注
	……	……	
产权转移书据	土地使用权、房屋等建筑物和构筑物所有权转让书据（不包括土地承包经营权和土地经营权转移）	价款的万分之五	转让包括买卖（出售）、继承、赠与、互换、分割
	……	……	

第 45 集

破产企业拍卖转让国有土地使用权，需要缴纳土地增值税吗？

承第 42 集案例。

提问：林老师，Q 公司拍卖转让该土地使用权，需要缴纳土地增值税吗？

林老师解答

需要。

TAX 政策依据

中华人民共和国土地增值税暂行条例

2011 年 1 月 8 日　中华人民共和国国务院令第 588 号修订

第二条　转让国有土地使用权……（以下简称转让房地产）并取得收入的单位和个人，为土地增值税的纳税义务人（以下简称纳税人），应当依照本条例缴纳土地增值税。

财政部关于印发
《中华人民共和国土地增值税暂行条例实施细则》的通知

1995 年 1 月 27 日　财法字〔1995〕6 号

附件：

中华人民共和国土地增值税暂行条例实施细则

第二条　条例第二条所称的转让国有土地使用权……并取得收入，

是指以出售……有偿转让房地产的行为。……

第五条 条例第二条所称的收入，包括转让房地产的全部价款及有关的经济收益。

第六条 条例第二条所称的单位，是指各类企业单位、事业单位、国家机关和社会团体及其他组织。

第46集 破产企业拍卖转让其2016年4月30日前取得的国有土地使用权，其土地增值税应税收入应如何计算确定？

承第42集案例。

提问：林老师，Q公司拍卖转让该土地使用权，其土地增值税应税收入应如何计算确定？

林老师解答

Q公司拍卖转让该土地使用权，其土地增值税应税收入计算如下：

转让房地产收入总额 = 含税销售价格 − 增值税应纳税额
　　　　　　　　　 = 6000 − 47.62
　　　　　　　　　 = 5952.38（万元）

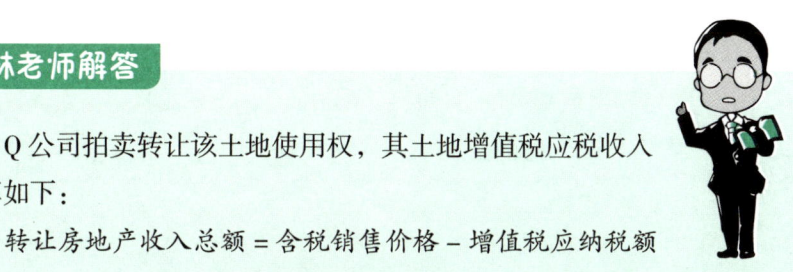

政策依据

**财政部　国家税务总局关于营改增后
契税　房产税　土地增值税　个人所得税
计税依据问题的通知**

2016年4月25日　财税〔2016〕43号

三、土地增值税纳税人转让房地产取得的收入为不含增值税收入。

……

本通知自2016年5月1日起执行。

**国家税务总局关于营改增后土地增值税
若干征管规定的公告**

2016年11月10日　国家税务总局公告2016年第70号

一、关于营改增后土地增值税应税收入确认问题

营改增后，纳税人转让房地产的土地增值税应税收入不含增值税。……适用简易计税方法的纳税人，其转让房地产的土地增值税应税收入不含增值税应纳税额。

……

本公告自公布之日起施行。

第三章　破产财产变价出售

第47集
破产企业拍卖转让其2016年5月1日后取得的国有土地使用权，其应缴纳的增值税应如何计算确定？

S公司是一家工业企业。

2022年7月，甲市人民法院作出《民事裁定书》，裁定受理债权人T公司申请S公司破产清算一案。

2022年11月，管理人根据S公司破产清算案第一次债权人会议通过的《破产财产变价方案》，依托破产拍卖平台在网上拍卖S公司名下的一幅工业用地的国有土地使用权，该土地使用权由S公司于2020年6月通过出让方式取得；《竞买公告》和《竞买须知》规定，拍卖转让该土地使用权所产生的税费由买卖双方按照税收法规等规定各自缴纳。

2022年12月，买受人U公司通过公开竞价竞得上述拍卖标的物，成交价为4500万元。U公司于当月与S公司管理人签署了《拍卖成交确认书》，该《拍卖成交确认书》确认的成交价为4500万元。

S公司属于增值税一般纳税人，不属于小型微利企业。2022年12月，S公司除拍卖转让该土地使用权外，未发生其他购销业务，其当月可以抵扣的进项税额、上期留抵税额和上期结转的加计抵减额余额均为零。

提问：林老师，S公司拍卖转让该土地使用权，其应缴纳的增值税应如何计算确定？

林老师解答

S公司拍卖转让该土地使用权应缴纳的增值税计算如下：

应纳税额 = 当期销项税额 − 当期进项税额

= 4500 ÷ (1 + 9%) × 9% − 0

= 371.56 − 0

= 371.56（万元）

TAX 政策依据

中华人民共和国增值税暂行条例

2017年11月19日　中华人民共和国国务院令第691号修订

第二条　增值税税率：

……

（二）纳税人……转让土地使用权……，税率为11%：

财政部　国家税务总局
关于全面推开营业税改征增值税试点的通知

2016年3月23日　财税〔2016〕36号

附件1：

营业税改征增值税试点实施办法

第十五条　增值税税率：

……

（二）……转让土地使用权，税率为11%。

第三章　破产财产变价出售

财政部　税务总局关于调整增值税税率的通知

2018年4月4日　财税〔2018〕32号

一、纳税人发生增值税应税销售行为……，原适用……11%税率的，税率分别调整为……10%。

财政部　税务总局　海关总署
关于深化增值税改革有关政策的公告

2019年3月20日　财政部　税务总局　海关总署公告2019年第39号

一、增值税一般纳税人（以下称纳税人）发生增值税应税销售行为……，原适用10%税率的，税率调整为9%。

第48集　破产企业拍卖转让其2016年5月1日后取得的国有土地使用权，其土地增值税应税收入应如何计算确定？

承第47集案例。

提问：林老师，S公司拍卖转让该土地使用权，其土地增值税应税收入应如何计算确定？

林老师解答

S公司拍卖转让该土地使用权，其土地增值税应税收入计算如下：

转让房地产收入总额 = 含税销售价格 − 增值税销项税额
= 4500 − 371.56
= 4128.44（万元）

政策依据

财政部 国家税务总局关于营改增后
契税 房产税 土地增值税 个人所得税
计税依据问题的通知

2016 年 4 月 25 日　财税〔2016〕43 号

三、土地增值税纳税人转让房地产取得的收入为不含增值税收入。

国家税务总局关于营改增后土地增值税
若干征管规定的公告

2016 年 11 月 10 日　国家税务总局公告 2016 年第 70 号

一、关于营改增后土地增值税应税收入确认问题

营改增后，纳税人转让房地产的土地增值税应税收入不含增值税。适用增值税一般计税方法的纳税人，其转让房地产的土地增值税应税收入不含增值税销项税额；……

第 49 集

破产企业拍卖转让未取得国有土地使用权属证书的土地，需要缴纳土地增值税吗？

V 公司是一家破产清算企业。

2022 年 11 月，管理人根据 V 公司破产清算案第一次债权人会议通过的《破产财产变价方案》，依托破产拍卖平台在网上拍

第三章 破产财产变价出售

卖 V 公司的一块土地，V 公司享有占有、使用、收益或处分该土地的权利，但未取得该土地的国有土地使用权属证书；《竞买公告》和《竞买须知》规定，拍卖转让该土地所产生的税费由买卖双方按照税收法规等规定各自缴纳。

2022 年 12 月，买受人 W 公司通过公开竞价竞得上述拍卖标的物，并于当月与 V 公司管理人签署了《拍卖成交确认书》。

提问：林老师，V 公司拍卖转让该土地，其增值额大于零，需要缴纳土地增值税吗？

林老师解答

需要。

TAX 政策依据

国家税务总局关于未办理土地使用权证转让土地有关税收问题的批复

2007 年 6 月 14 日　国税函〔2007〕645 号

土地使用者转让、抵押或置换土地，无论其是否取得了该土地的使用权属证书，……只要土地使用者享有占有、使用、收益或处分该土地的权利，且有合同等证据表明其实质转让、抵押或置换了土地并取得了相应的经济利益，土地使用者及其对方当事人应当依照税法规定缴纳……土地增值税……等相关税收。

划重点　消痛点

根据国税函〔2007〕645 号文件、《财政部　国家税务总局关于全面推开营业税改征增值税试点的通知》（财税〔2016〕36 号）的规定，V 公司拍卖转让该土地，还需要缴纳增值税。

第八节　拍卖转让在建工程

第 50 集

破产企业拍卖转让其 2016 年 4 月 30 日前自建的在建工程，其应缴纳的增值税应如何计算确定？

X 公司是一家工业企业。

2022 年 7 月，乙市人民法院作出《民事裁定书》，裁定受理债权人 Y 公司申请 X 公司破产清算一案。

2022 年 11 月，管理人根据 X 公司破产清算案第一次债权人会议通过的《破产财产变价方案》，依托破产拍卖平台在网上拍卖 X 公司的一栋在建厂房，该在建工程由 X 公司于 2015 年 3 月开始开发建设，于 2016 年 4 月起停止施工；《竞买公告》和《竞买须知》规定，拍卖转让该在建工程所产生的税费由买卖双方按照税收法规等规定各自缴纳。

2022 年 12 月，买受人 Z 公司通过公开竞价竞得上述拍卖标的物，并于当月与 X 公司管理人签署了《拍卖成交确认书》，该《拍卖成交确认书》确认的成交价为 5100 万元。

X 公司属于增值税一般纳税人，不属于小型微利企业。2022 年 12 月，X 公司除拍卖转让该在建工程外，未发生其他购销业务，其当月可以抵扣的进项税额和上期留抵税额均为零。

提问：林老师，X 公司拍卖转让该在建工程，选择适用简易计税方法，其应缴纳的增值税应如何计算确定？

林老师解答

X公司拍卖转让该在建工程应缴纳的增值税计算如下：

销售额 = 5100 ÷ （1 + 5%）
       = 4857.14（万元）

应纳税额 = 4857.14 × 5%
         = 242.86（万元）

政策依据

财政部　国家税务总局
关于全面推开营业税改征增值税试点的通知

2016年3月23日　财税〔2016〕36号

附件1：

营业税改征增值税试点实施办法

附：

销售服务、无形资产、不动产注释

三、销售不动产

……转让在建的建筑物……所有权的，……按照销售不动产缴纳增值税。

附件2：

营业税改征增值税试点有关事项的规定

一、营改增试点期间，试点纳税人［指按照《营业税改征增值税试点实施办法》（以下称《试点实施办法》）缴纳增值税的纳税人］有关政策

……

（八）销售不动产。

......

2.一般纳税人销售其2016年4月30日前自建的不动产,可以选择适用简易计税方法,以取得的全部价款和价外费用为销售额,按照5%的征收率计算应纳税额。......

划重点 消痛点

根据《销售服务、无形资产、不动产注释》第三条第四款的规定,破产企业拍卖转让建筑物有限产权或者永久使用权、在建的建筑物或构筑物所有权,以及在转让建筑物或者构筑物时一并转让其所占土地的使用权,按照销售不动产缴纳增值税。

第51集
破产企业拍卖转让其2016年5月1日后自建的在建工程,其应缴纳的增值税应如何计算确定?

A公司是一家工业企业。

2022年7月,丙市人民法院作出《民事裁定书》,裁定受理债权人B公司申请A公司破产清算一案。

2022年11月,管理人根据A公司破产清算案第一次债权人会议通过的《破产财产变价方案》,依托破产拍卖平台在网上拍卖A公司的一栋在建厂房,该在建工程由A公司于2021年6月开始开发建设,于2022年5月起停止施工;《竞买公告》和《竞买须知》规定,拍卖转让该在建工程所产生的税费由买卖双方按照税收法规等规定各自缴纳。

2022年12月,买受人C公司通过公开竞价竞得上述拍卖标的物，并于当月与 A 公司管理人签署了《拍卖成交确认书》，该《拍卖成交确认书》确认的成交价为 9000 万元。

A 公司属于增值税一般纳税人，不属于小型微利企业。2022 年 12 月，A 公司除拍卖转让该在建工程外，未发生其他购销业务，其当月可以抵扣的进项税额为零，上期留抵税额为 360 万元。

提问：林老师，A 公司拍卖转让该在建工程，其应缴纳的增值税应如何计算确定？

林老师解答

A 公司拍卖转让该在建工程应缴纳的增值税计算如下：

应纳税额 = 当期销项税额 − 当期进项税额 − 上期留抵税额

$= 9000 \div (1 + 9\%) \times 9\% - 0 - 360$

$= 743.12 - 0 - 360$

$= 383.12$（万元）

TAX 政策依据

中华人民共和国增值税暂行条例

2017 年 11 月 19 日　国务院令第 691 号修订

第二条　增值税税率：

……

（二）纳税人……销售不动产……，税率为 11%：

财政部　国家税务总局
关于全面推开营业税改征增值税试点的通知

2016年3月23日　财税〔2016〕36号

附件1：

营业税改征增值税试点实施办法

第十五条　增值税税率：

……

（二）……销售不动产……，税率为11%。

附件2：

营业税改征增值税试点有关事项的规定

一、营改增试点期间，试点纳税人［指按照《营业税改征增值税试点实施办法》（以下称《试点实施办法》）缴纳增值税的纳税人］有关政策

……

（八）销售不动产。

……

4. 一般纳税人销售其2016年5月1日后自建的不动产，应适用一般计税方法，以取得的全部价款和价外费用为销售额计算应纳税额。……

财政部　税务总局关于调整增值税税率的通知

2018年4月4日　财税〔2018〕32号

一、纳税人发生增值税应税销售行为……，原适用……11%税率的，税率分别调整为……10%。

财政部　税务总局　海关总署
关于深化增值税改革有关政策的公告

2019年3月20日　财政部　税务总局　海关总署公告2019年第39号

一、增值税一般纳税人（以下称纳税人）发生增值税应税销售行为……，原适用10%税率的，税率调整为9%。

第52集　破产企业拍卖转让在建工程，其应缴纳的城市维护建设税、教育费附加、地方教育附加应如何计算确定？

承第51集案例。

提问：林老师，A公司城市维护建设税的适用税率为5%，则A公司拍卖转让该在建工程，其应缴纳的城市维护建设税、教育费附加、地方教育附加应如何计算确定？

林老师解答

A公司拍卖转让该在建工程应缴纳的城市维护建设税、教育费附加、地方教育附加计算如下：

应缴纳的城市维护建设税
= 实际缴纳的增值税、消费税税额 × 适用税率
= 383.12 × 5%
= 19.16（万元）

应缴纳的教育费附加
= 实际缴纳的增值税、消费税税额 × 教育费附加征收率
= 383.12 × 3%
= 11.49（万元）
应缴纳的地方教育附加
= 实际缴纳的增值税、消费税税额 × 地方教育附加征收率
= 383.12 × 2%
= 7.66（万元）

第 53 集

破产企业拍卖转让在建工程，其应缴纳的印花税应如何计算确定？

承第 51 集案例。

提问：林老师，A 公司拍卖转让该在建工程，其应缴纳的印花税应如何计算确定？

林老师解答

A 公司拍卖转让该在建工程应缴纳的印花税计算如下：

应纳税额 = 计税依据 × 适用税率
　　　　 = 9000 × 0.05%
　　　　 = 4.5（万元）

第三章 破产财产变价出售

> **TAX 政策依据**
>
> **中华人民共和国印花税法**
>
> 2021 年 6 月 10 日　中华人民共和国主席令第八十九号
>
> 附：
>
> 印花税税目税率表
>
> | 税目 | | 税率 | 备注 |
> | --- | --- | --- | --- |
> | | …… | …… | |
> | 产权转移书据 | 土地使用权、房屋等建筑物和构筑物所有权转让书据（不包括土地承包经营权和土地经营权转移） | 价款的万分之五 | 转让包括买卖（出售）、继承、赠与、互换、分割 |
> | | …… | …… | |

第 54 集

破产企业拍卖转让在建工程，需要缴纳土地增值税吗？

扫码看视频

承第 51 集案例。

提问：林老师，A 公司拍卖转让该在建工程，其增值额大于零，A 公司需要缴纳土地增值税吗？

> **林老师解答**

需要。

TAX 政策依据

中华人民共和国土地增值税暂行条例

2011年1月8日　中华人民共和国国务院令第588号修订

第二条　转让国有土地使用权、地上的建筑物及其附着物（以下简称转让房地产）并取得收入的单位和个人，为土地增值税的纳税义务人（以下简称纳税人），应当依照本条例缴纳土地增值税。

财政部关于印发
《中华人民共和国土地增值税暂行条例实施细则》的通知

1995年1月27日　财法字〔1995〕6号

附件：

中华人民共和国土地增值税暂行条例实施细则

第二条　条例第二条所称的转让国有土地使用权、地上的建筑物及其附着物并取得收入，是指以出售或者其他方式有偿转让房地产的行为。……

第五条　条例第二条所称的收入，包括转让房地产的全部价款及有关的经济收益。

第六条　条例第二条所称的单位，是指各类企业单位、事业单位、国家机关和社会团体及其他组织。

第 55 集

破产企业拍卖转让在建工程，其土地增值税应税收入应如何计算确定？

承第 51 集案例。

提问：林老师，A 公司拍卖转让该在建工程，其土地增值税应税收入应如何计算确定？

林老师解答

A 公司拍卖转让该在建工程，其土地增值税应税收入计算如下：

转让房地产收入总额 = 含税销售价格 − 增值税销项税额
= 9000 − 743.12
= 8256.88（万元）

第九节　拍卖转让房产

第 56 集

破产企业拍卖转让其 2016 年 4 月 30 日前自建的厂房，其应缴纳的增值税应如何计算确定？

扫码看视频

D 公司是一家工业企业。

2022 年 8 月，丁市人民法院作出《民事裁定书》，裁定受理债权人 E 公司申请 D 公司破产清算一案。

2022 年 11 月，管理人根据 D 公司破产清算案第一次债权人会议通过的《破产财产变价方案》，依托破产拍卖平台在网上拍卖 D 公司名下的一栋厂房；《竞买公告》和《竞买须知》规定，拍卖转让该栋厂房所产生的税费由买卖双方按照税收法规等规定各自缴纳。

2022 年 12 月，买受人 F 公司通过公开竞价竞得上述拍卖标的物，并于当月与 D 公司管理人签署了《拍卖成交确认书》，该《拍卖成交确认书》确认的成交价为 6200 万元。

该栋厂房由 D 公司于 2016 年 1 月自建，已取得一本不动产权证书。

D 公司属于增值税一般纳税人，不属于小型微利企业。2022 年 12 月，D 公司除拍卖转让该栋厂房外，未发生其他购销业务，其当月可以抵扣的进项税额和上期留抵税额均为零。

提问：林老师，D 公司拍卖转让该栋厂房，选择适用简易计税方法，其应缴纳的增值税应如何计算确定？

第三章 破产财产变价出售

林老师解答

D 公司拍卖转让该栋厂房应缴纳的增值税计算如下：

销售额 = 6200 ÷（1 + 5%）

= 5904.76（万元）

应纳税额 = 5904.76 × 5%

= 295.24（万元）

TAX 政策依据

财政部　国家税务总局
关于全面推开营业税改征增值税试点的通知

2016 年 3 月 23 日　财税〔2016〕36 号

附件 1：

营业税改征增值税试点实施办法

附：

销售服务、无形资产、不动产注释

三、销售不动产

销售不动产，是指转让不动产所有权的业务活动。不动产，是指不能移动或者移动后会引起性质、形状改变的财产，包括建筑物……等。

建筑物，包括……商业营业用房……等可供居住、工作或者进行其他活动的建造物。

附件 2：

营业税改征增值税试点有关事项的规定

一、营改增试点期间，试点纳税人［指按照《营业税改征增值税试点实施办法》（以下称《试点实施办法》）缴纳增值税的纳税人］有关政策

> ……
> （八）销售不动产。
> ……
> 2.一般纳税人销售其2016年4月30日前自建的不动产，可以选择适用简易计税方法，以取得的全部价款和价外费用为销售额，按照5%的征收率计算应纳税额。……

划重点 消痛点

本案例中，假定D公司于2022年11月拍卖转让水坝取得收入，则根据《销售服务、无形资产、不动产注释》第三条第一款、第三款的规定，该项收入也需要缴纳增值税。

第57集 破产企业拍卖转让其2016年5月1日后自建的厂房，其应缴纳的增值税应如何计算确定？

G公司是一家工业企业。

2022年8月，甲市人民法院作出《民事裁定书》，裁定受理债权人H公司申请G公司破产清算一案。

2022年11月，管理人根据G公司破产清算案第一次债权人会议通过的《破产财产变价方案》，依托破产拍卖平台在网上拍卖G公司名下的一栋厂房；《竞买公告》和《竞买须知》规定，拍卖转让该栋厂房所产生的税费由买卖双方按照税收法规等规定各自缴纳。

2022年12月，买受人I公司通过公开竞价竞得上述拍卖标

第三章 破产财产变价出售

的物,并于当月与 G 公司管理人签署了《拍卖成交确认书》,该《拍卖成交确认书》确认的成交价为 7500 万元。

该栋厂房由 G 公司于 2017 年 6 月自建,已取得一本不动产权证书;其开发成本为 4500 万元,取得土地使用权所支付的地价款和按国家统一规定交纳的有关费用为 2060 万元。

G 公司属于增值税一般纳税人,不属于小型微利企业。2022 年 12 月,G 公司除拍卖转让该栋厂房外,未发生其他购销业务,其当月可以抵扣的进项税额为零、上期留抵税额为 376 万元。

提问: 林老师,G 公司拍卖转让该栋厂房,其应缴纳的增值税应如何计算确定?

林老师解答

G 公司拍卖转让该栋厂房应缴纳的增值税计算如下:

应纳税额 = 当期销项税额 − 当期进项税额 − 上期留抵税额
= 7500 ÷(1 + 9%)× 9% − 0 − 376
= 619.27 − 0 − 376
= 243.27(万元)

政策依据

财政部　国家税务总局
关于全面推开营业税改征增值税试点的通知

2016 年 3 月 23 日　财税〔2016〕36 号

附件 2:

营业税改征增值税试点有关事项的规定

一、营改增试点期间,试点纳税人〔指按照《营业税改征增值税试点实施办法》(以下称《试点实施办法》)缴纳增值税的纳税人〕

有关政策

……

（八）销售不动产。

……

4. 一般纳税人销售其2016年5月1日后自建的不动产，应适用一般计税方法，以取得的全部价款和价外费用为销售额计算应纳税额。……

第 58 集
破产企业拍卖转让自建厂房，其应缴纳的城市维护建设税、教育费附加、地方教育附加应如何计算确定？

承第57集案例。

提问：林老师，G公司城市维护建设税的适用税率为7%，则G公司拍卖转让该栋厂房，其应缴纳的城市维护建设税、教育费附加、地方教育附加应如何计算确定？

林老师解答

G公司拍卖转让该栋厂房应缴纳的城市维护建设税、教育费附加、地方教育附加计算如下：

应缴纳的城市维护建设税
= 实际缴纳的增值税、消费税税额 × 适用税率
= 243.27 × 7%
= 17.03（万元）

应缴纳的教育费附加
= 实际缴纳的增值税、消费税税额 × 教育费附加征收率
= 243.27 × 3%
= 7.30（万元）

应缴纳的地方教育附加
= 实际缴纳的增值税、消费税税额 × 地方教育附加征收率
= 243.27 × 2%
= 4.87（万元）

第 59 集

破产企业拍卖转让自建厂房，其应缴纳的印花税应如何计算确定？

承第 57 集案例。

提问：林老师，G 公司拍卖转让该栋厂房，其应缴纳的印花税应如何计算确定？

林老师解答

G 公司拍卖转让该栋厂房应缴纳的印花税计算如下：

应纳税额 = 计税依据 × 适用税率
= 7500 × 0.05%
= 3.75（万元）

政策依据

中华人民共和国印花税法

2021年6月10日　中华人民共和国主席令第八十九号

附：

印花税税目税率表

税　目		税　率	备　注
产权转移书据	……	……	转让包括买卖（出售）、继承、赠与、互换、分割
	土地使用权、房屋等建筑物和构筑物所有权转让书据（不包括土地承包经营权和土地经营权转移）	价款的万分之五	
	……	……	

第60集 破产企业拍卖转让自建厂房，在计算缴纳土地增值税时，其扣除项目金额应如何计算确定？

承第57集案例。

提问：林老师，G公司拍卖转让该栋厂房，在计算缴纳土地增值税时，按评估价格计算扣除项目金额，该栋厂房的重置成本价为4700万元，成新度折扣率为95%，所转让厂房评估费用为5万元，则其土地增值税的扣除项目金额如何计算确定？

第三章 破产财产变价出售

林老师解答

G公司转让该栋厂房，在计算缴纳土地增值税时，其扣除项目金额计算如下：

1. 计算房屋及建筑物的评估价格

房屋及建筑物的评估价格

= 旧房及建筑物的重置成本价 × 成新度折扣率

= 4700 × 95%

= 4465（万元）

2. 计算转让环节缴纳的税金

转让环节缴纳的税金

= 城市维护建设税 + 教育费附加 + 地方教育附加 + 印花税

= 17.03 + 7.30 + 4.87 + 3.75

= 32.95（万元）

3. 计算扣除项目金额

扣除项目金额

= 取得土地使用权所支付的地价款和按国家统一规定交纳的有关费用 + 房屋及建筑物的评估价格 + 转让环节缴纳的税金 + 所转让房地产评估费用

= 2060 + 4465 + 32.95 + 5

= 6562.95（万元）

TAX 政策依据

财政部　国家税务总局
关于土地增值税一些具体问题规定的通知

1995年5月25日　财税字〔1995〕48号

七、关于新建房与旧房的界定问题

新建房是指建成后未使用的房产。凡是已使用一定时间或达到一定

磨损程度的房产均属旧房。……

九、关于计算增值额时扣除已缴纳印花税的问题

细则中规定允许扣除的印花税，是指在转让房地产时缴纳的印花税。房地产开发企业按照《施工、房地产开发企业财务制度》的有关规定，其缴纳的印花税列入管理费用，已相应予以扣除。其他的土地增值税纳税义务人在计算土地增值税时允许扣除在转让时缴纳的印花税。

十、关于转让旧房如何确定扣除项目金额的问题

转让旧房的，应按房屋及建筑物的评估价格、取得土地使用权所支付的地价款和按国家统一规定交纳的有关费用以及在转让环节缴纳的税金作为扣除项目金额计征土地增值税。……

十二、关于评估费用可否在计算增值额时扣除的问题

纳税人转让旧房及建筑物时因计算纳税的需要而对房地产进行评估，其支付的评估费用允许在计算增值额时予以扣除。……

划重点　消痛点

本案例中，假定 G 公司取得土地使用权时未支付地价款或不能提供已支付的地价款凭据，则根据财税字〔1995〕48 号文件第十条的规定，G 公司在计算缴纳土地增值税时不得扣除取得土地使用权所支付的金额。

第 61 集

破产企业拍卖转让自建厂房，其应缴纳的土地增值税应如何计算确定？

承第 57 集案例。

提问：林老师，G 公司拍卖转让该栋厂房，其应缴纳的土地增值税应如何计算确定？

第三章 破产财产变价出售

> **林老师解答**

G公司拍卖转让该栋厂房应缴纳的土地增值税计算如下:

1. 计算转让房地产收入总额

转让房地产收入总额 = 含税销售价格 − 增值税销项税额

$$= 7500 − 619.27$$

$$= 6880.73（万元）$$

2. 计算增值额

增值额 = 转让房地产收入总额 − 扣除项目金额

$$= 6880.73 − 6562.95$$

$$= 317.78（万元）$$

3. 计算增值率

增值率 = 增值额 ÷ 扣除项目金额

$$= 317.78 ÷ 6562.95$$

$$= 4.84\%$$

4. 计算应纳税额

增值率为4.84%,适用的土地增值税税率为30%,应缴纳的土地增值税税额为:

土地增值税税额 = 增值额 × 30%

$$= 317.78 × 30\%$$

$$= 95.33（万元）$$

> **TAX 政策依据**

中华人民共和国土地增值税暂行条例

2011年1月8日 中华人民共和国国务院令第588号修订

第四条 纳税人转让房地产所取得的收入减除本条例第六条规定扣除项目金额后的余额,为增值额。

……

第七条　土地增值税实行四级超率累进税率：

增值额未超过扣除项目金额50%的部分，税率为30%。

财政部关于印发
《中华人民共和国土地增值税暂行条例实施细则》的通知

1995年1月27日　财法字〔1995〕6号

附件：

中华人民共和国土地增值税暂行条例实施细则

第十条　条例第七条所列四级超率累进税率，每级"增值额未超过扣除项目金额"的比例，均包括本比例数。

计算土地增值税税额，可按增值额乘以适用的税率减去扣除项目金额乘以速算扣除系数的简便方法计算，具体公式如下：

（一）增值额未超过扣除项目金额50%

土地增值税税额 = 增值额 × 30%

第62集
破产企业拍卖转让其2016年4月30日前购置的办公楼，其应缴纳的增值税应如何计算确定？

J公司是一家商品流通企业。

2022年8月，乙市人民法院作出《民事裁定书》，裁定受理债权人K公司申请J公司破产清算一案。

2022年11月，管理人根据J公司破产清算案第一次债权人会议通过的《破产财产变价方案》，依托破产拍卖平台在网上拍卖J公司名下的一层办公楼；《竞买公告》和《竞买须知》规定，拍卖转让该办公楼所产生的税费由买卖双方按照税收法规等规定

第三章 破产财产变价出售

各自缴纳。

2022年12月，买受人L公司通过公开竞价竞得上述拍卖标的物，并于当月与J公司管理人签署了《拍卖成交确认书》，该《拍卖成交确认书》确认的成交价为1200万元。

该办公楼由J公司于2016年2月购入，已取得一本不动产权证书；其购置原价为1000万元，缴纳的契税为30万元，均取得了合法有效凭证。

J公司属于增值税一般纳税人，不属于小型微利企业。2022年12月，J公司除拍卖转让该办公楼外，未发生其他购销业务，其当月可以抵扣的进项税额、上期留抵税额均为零。

提问：林老师，J公司拍卖转让该办公楼，选择适用简易计税方法，其应缴纳的增值税应如何计算确定？

林老师解答

J公司拍卖转让该办公楼应缴纳的增值税计算如下：

销售额 =（1200 - 1000）÷（1 + 5%）

= 190.48（万元）

应纳税额 = 190.48 × 5%

= 9.52（万元）

TAX 政策依据

财政部　国家税务总局
关于全面推开营业税改征增值税试点的通知

2016年3月23日　财税〔2016〕36号

附件1：

营业税改征增值税试点实施办法

附：

销售服务、无形资产、不动产注释

三、销售不动产

销售不动产，是指转让不动产所有权的业务活动。不动产，是指不能移动或者移动后会引起性质、形状改变的财产，包括建筑物……等。

建筑物，包括……办公楼等可供居住、工作或者进行其他活动的建造物。

附件2：

营业税改征增值税试点有关事项的规定

一、营改增试点期间，试点纳税人［指按照《营业税改征增值税试点实施办法》（以下称《试点实施办法》）缴纳增值税的纳税人］有关政策

……

（八）销售不动产。

1.一般纳税人销售其2016年4月30日前取得（不含自建）的不动产，可以选择适用简易计税方法，以取得的全部价款和价外费用减去该项不动产购置原价或者取得不动产时的作价后的余额为销售额，按照5%的征收率计算应纳税额。

第63集
破产企业拍卖转让其2016年5月1日后购置的住宅，其应缴纳的增值税应如何计算确定？

M公司是一家仓储物流企业。

2022年8月，丙市人民法院作出《民事裁定书》，裁定受

第三章 破产财产变价出售

理债权人 N 公司申请 M 公司破产清算一案。

2022 年 11 月，管理人根据 M 公司破产清算案第一次债权人会议通过的《破产财产变价方案》，依托破产拍卖平台在网上拍卖 M 公司名下的一套住宅；《竞买公告》和《竞买须知》规定，拍卖转让该住宅所产生的税费由买卖双方按照税收法规等规定各自缴纳。

2022 年 12 月，买受人 P 公司通过公开竞价竞得上述拍卖标的物，并于当月与 M 公司管理人签署了《拍卖成交确认书》，该《拍卖成交确认书》确认的成交价为 540 万元。

该住宅由 M 公司于 2017 年 3 月购入，支付的价款为 222 万元，取得的增值税专用发票上注明的金额为 200 万元、增值税进项税额为 22 万元（该进项税额已申报抵扣）；缴纳的契税为 6 万元，已取得契税完税凭证。

M 公司属于增值税一般纳税人，不属于小型微利企业。2022 年 12 月，M 公司除拍卖转让该住宅外，未发生其他购销业务，其当月可以抵扣的进项税额和上期结转的加计抵减额余额均为零，上期留抵税额为 6.5 万元。

提问：林老师，M 公司拍卖转让该住宅，其应缴纳的增值税应如何计算确定？

林老师解答

M 公司拍卖转让该住宅应缴纳的增值税计算如下：

应纳税额 = 当期销项税额 − 当期进项税额 − 上期留抵税额

$= 540 \div (1+9\%) \times 9\% - 0 - 6.5$

$= 44.59 - 0 - 6.5$

$= 38.09$（万元）

> **TAX 政策依据**
>
> **财政部　国家税务总局**
> **关于全面推开营业税改征增值税试点的通知**
>
> 2016年3月23日　财税〔2016〕36号
>
> 附件2：
>
> 营业税改征增值税试点有关事项的规定
>
> 一、营改增试点期间，试点纳税人［指按照《营业税改征增值税试点实施办法》（以下称《试点实施办法》）缴纳增值税的纳税人］有关政策
>
> ……
>
> （八）销售不动产。
>
> ……
>
> 3. 一般纳税人销售其2016年5月1日后取得（不含自建）的不动产，应适用一般计税方法，以取得的全部价款和价外费用为销售额计算应纳税额。……

第64集　破产企业拍卖转让其购置的住宅，其应缴纳的城市维护建设税、教育费附加、地方教育附加应如何计算确定？

承第63集案例。

提问：林老师，M公司城市维护建设税的适用税率为5%，则M公司拍卖转让该住宅，其应缴纳的城市维护建设税、教育费附加、地方教育附加应如何计算确定？

林老师解答

M 公司拍卖转让该住宅应缴纳的城市维护建设税、教育费附加、地方教育附加计算如下：

应缴纳的城市维护建设税
= 实际缴纳的增值税、消费税税额 × 适用税率
= 38.09 × 5%
= 1.90（万元）

应缴纳的教育费附加
= 实际缴纳的增值税、消费税税额 × 教育费附加征收率
= 38.09 × 3%
= 1.14（万元）

应缴纳的地方教育附加
= 实际缴纳的增值税、消费税税额 × 地方教育附加征收率
= 38.09 × 2%
= 0.76（万元）

第 65 集

破产企业拍卖转让其购置的住宅，其应缴纳的印花税应如何计算确定？

承第 63 集案例。

提问：林老师，M 公司拍卖转让该住宅，其应缴纳的印花税应如何计算确定？

溪发说税之企业破产涉税事项篇

> **林老师解答**

M 公司拍卖转让该住宅应缴纳的印花税计算如下：

应纳税额 = 计税依据 × 适用税率
　　　　 = 540 × 0.05%
　　　　 = 0.27（万元）

TAX 政策依据

中华人民共和国印花税法

2021 年 6 月 10 日　中华人民共和国主席令第八十九号

附：

印花税税目税率表

税　目		税　率	备　注
产权转移书据	……	……	转让包括买卖（出售）、继承、赠与、互换、分割
	土地使用权、房屋等建筑物和构筑物所有权转让书据（不包括土地承包经营权和土地经营权转移）	价款的万分之五	
	……	……	

第 66 集

破产企业拍卖转让其购置的住宅，在计算缴纳土地增值税时，其扣除项目金额应如何计算确定？

承第 63 集案例。

提问：林老师，M 公司拍卖转让该住宅，在计算缴纳土地增值税时，不能取得评估价格，但能提供购房发票，则其土地增值税的扣除项目金额应如何计算确定？

林老师解答

M 公司拍卖转让该住宅，在计算缴纳土地增值税时，其扣除项目金额计算如下：

1. **计算与转让房地产有关的税金**

与转让房地产有关的税金
= 转让时缴纳的城市维护建设税、教育费附加、地方教育附加、印花税 + 购房时缴纳的契税
= 1.90 + 1.14 + 0.76 + 0.27 + 6
= 10.07（万元）

2. **计算扣除项目金额**

扣除项目金额
= 购房发票所载金额 ×（1 + 5% × 购买年度至转让年度数）+ 与转让房地产有关的税金
= 200 ×（1 + 5% × 6）+ 10.07
= 270.07（万元）

> 政策依据

财政部　国家税务总局
关于土地增值税一些具体问题规定的通知

1995年5月25日　财税字〔1995〕48号

九、关于计算增值额时扣除已缴纳印花税的问题

细则中规定允许扣除的印花税，是指在转让房地产时缴纳的印花税。房地产开发企业按照《施工、房地产开发企业财务制度》的有关规定，其缴纳的印花税列入管理费用，已相应予以扣除。其他的土地增值税纳税义务人在计算土地增值税时允许扣除在转让时缴纳的印花税。

财政部　国家税务总局
关于土地增值税若干问题的通知

2006年3月2日　财税〔2006〕21号

二、关于转让旧房准予扣除项目的计算问题

纳税人转让旧房及建筑物，凡不能取得评估价格，但能提供购房发票的，经当地税务部门确认，《条例》第六条第（一）、（三）项规定的扣除项目的金额，可按发票所载金额并从购买年度起至转让年度止每年加计5%计算。对纳税人购房时缴纳的契税，凡能提供契税完税凭证的，准予作为"与转让房地产有关的税金"予以扣除，……

……

六、本文自2006年3月2日起执行。

国家税务总局关于土地增值税清算有关问题的通知

2010年5月19日　国税函〔2010〕220号

七、关于转让旧房准予扣除项目的加计问题

《财政部　国家税务总局关于土地增值税若干问题的通知》（财税

〔2006〕21号）第二条第一款规定"纳税人转让旧房及建筑物，凡不能取得评估价格，但能提供购房发票的，经当地税务部门确认，《条例》第六条第（一）、（三）项规定的扣除项目的金额，可按发票所载金额并从购买年度起至转让年度止每年加计5%计算"。计算扣除项目时"每年"按购房发票所载日期起至售房发票开具之日止，每满12个月计一年；超过一年，未满12个月但超过6个月的，可以视同为一年。

国家税务总局关于营改增后土地增值税
若干征管规定的公告

2016年11月10日　国家税务总局公告2016年第70号

六、关于旧房转让时的扣除计算问题

营改增后，纳税人转让旧房及建筑物，凡不能取得评估价格，但能提供购房发票的，《中华人民共和国土地增值税暂行条例》第六条第一、三项规定的扣除项目的金额按照下列方法计算：

……

（三）提供的购房发票为营改增后取得的增值税专用发票的，按照发票所载不含增值税金额加上不允许抵扣的增值税进项税额之和，并从购买年度起至转让年度止每年加计5%计算。

……

本公告自公布之日起施行。

划重点　消痛点

根据财税〔2006〕21号文件第二条第一款的规定，本案例中M公司拍卖转让该住宅，在计算土地增值税扣除项目金额时，其购房时缴纳的契税6万元不作为每年加计5%的基数。

第 67 集
破产企业拍卖转让其购置的住宅，其应缴纳的土地增值税应如何计算确定？

承第 63 集案例。

提问：林老师，M 公司拍卖转让该住宅，其应缴纳的土地增值税应如何计算确定？

林老师解答

M 公司拍卖转让该住宅应缴纳的土地增值税计算如下：

1. 计算转让房地产收入总额

转让房地产收入总额 = 含税销售价格 – 增值税销项税额
　　　　　　　　　= 540 – 44.59
　　　　　　　　　= 495.41（万元）

2. 计算增值额

增值额 = 转让房地产收入总额 – 扣除项目金额
　　　 = 495.41 – 270.07
　　　 = 225.34（万元）

3. 计算增值率

增值率 = 增值额 ÷ 扣除项目金额
　　　 = 225.34 ÷ 270.07
　　　 = 83.43%

4. 计算应纳税额

增值率为 83.43%，适用的土地增值税税率为 40%、速算扣除率为 5%，应缴纳的土地增值税税额：

土地增值税税额 = 增值额 × 40% – 扣除项目金额 × 5%

= 225.34 × 40% – 270.07 × 5%

= 90.14 – 13.50

= 76.64（万元）

TAX 政策依据

中华人民共和国土地增值税暂行条例

2011 年 1 月 8 日　中华人民共和国国务院令第 588 号修订

第四条　纳税人转让房地产所取得的收入减除本条例第六条规定扣除项目金额后的余额，为增值额。

……

第七条　土地增值税实行四级超率累进税率：

……

增值额超过扣除项目金额 50%、未超过扣除项目金额 100% 的部分，税率为 40%。

财政部关于印发《中华人民共和国土地增值税暂行条例实施细则》的通知

1995 年 1 月 27 日　财法字〔1995〕6 号

附件：

中华人民共和国土地增值税暂行条例实施细则

第十条　条例第七条所列四级超率累进税率，每级"增值额未超过扣除项目金额"的比例，均包括本比例数。

计算土地增值税税额，可按增值额乘以适用的税率减去扣除项目金额乘以速算扣除系数的简便方法计算，具体公式如下：

……

（二）增值额超过扣除项目金额 50%，未超过 100% 的

土地增值税税额 = 增值额 × 40% − 扣除项目金额 × 5%

……

公式中的 5%、15%、35% 为速算扣除系数。

第 68 集

破产企业名下的厂房需要缴纳房产税吗？

Q 公司是一家工业企业。

2022 年 9 月 1 日，丁市人民法院作出《民事裁定书》，裁定受理债权人 R 公司申请 Q 公司破产清算一案。

2022 年 11 月，管理人根据 Q 公司破产清算案第一次债权人会议通过的《破产财产变价方案》，依托破产拍卖平台在网上拍卖 Q 公司的一栋厂房；《竞买公告》和《竞买须知》规定，拍卖转让该栋厂房所产生的税费由买卖双方按照税收法规等规定各自缴纳。

2022 年 12 月，买受人 S 公司通过公开竞价竞得上述拍卖标的物，并于当月办妥了该栋厂房产权过户手续。

该栋厂房由 Q 公司在建制镇自建，于 2010 年 1 月建成，其产权登记在 Q 公司名下，该栋厂房所占用的土地在当地政府划定的城镇土地使用税征税范围内。

Q 公司不符合房产税、城镇土地使用税减免条件。

提问：林老师，自人民法院裁定受理破产申请之日至办妥产权过户手续当月月末（即 2022 年 9 月 1 日至 2022 年 12 月 31 日），Q 公司需要缴纳该栋厂房的房产税吗？

第三章 破产财产变价出售

林老师解答

需要。

政策依据

国家税务总局关于税收征管若干事项的公告

2019年12月12日　国家税务总局公告2019年第48号

四、关于企业破产清算程序中的税收征管问题

......

（二）在人民法院裁定受理破产申请之日至企业注销之日期间，企业应当接受税务机关的税务管理，履行税法规定的相关义务。破产程序中如发生应税情形，应按规定申报纳税。

中华人民共和国房产税暂行条例

2011年1月8日　中华人民共和国国务院令第588号修订

第一条　房产税在城市、县城、建制镇和工矿区征收。

第二条　房产税由产权所有人缴纳。……

第十一条　本条例自一九八六年十月一日起施行。

财政部税务总局
关于房产税若干具体问题的解释和暂行规定

1986年9月25日　财税地字〔1986〕8号

一、关于……建制镇……的解释

......

建制镇是指经省、自治区、直辖市人民政府批准设立的建制镇。

117

财政部　国家税务总局
关于房产税　城镇土地使用税有关问题的通知

2008年12月18日　财税〔2008〕152号

三、关于房产税……纳税义务截止时间的问题

纳税人因房产……的……权利状态发生变化而依法终止房产税……纳税义务的，其应纳税款的计算应截止到房产……的……权利状态发生变化的当月末。

四、本通知自2009年1月1日起执行。

知识链接

1. 房产税中城市的含义

根据财税地字〔1986〕8号文件第一条第一款的规定，城市是指经国务院批准设立的市。

2. 房产税中县城的含义

根据财税地字〔1986〕8号文件第一条第二款的规定，县城是指未设立建制镇的县人民政府所在地。

3. 房产税中工矿区的含义

根据财税地字〔1986〕8号文件第一条第四款的规定，工矿区是指

工商业比较发达，人口比较集中，符合国务院法规的建制镇标准，但尚未设立镇建制的大中型工矿企业所在地。开征房产税的工矿区须经省、自治区、直辖市人民政府批准。

第 69 集

破产企业厂房所占用的土地需要缴纳城镇土地使用税吗？

扫码看视频

承第 68 集案例。

提问： 林老师，自人民法院裁定受理破产申请之日至办妥产权过户手续当月月末（即 2022 年 9 月 1 日至 2022 年 12 月 31 日），Q 公司需要缴纳该栋厂房所占用土地的城镇土地使用税吗？

林老师解答

需要。

TAX 政策依据

中华人民共和国城镇土地使用税暂行条例

2019 年 3 月 2 日　中华人民共和国国务院令第 709 号修订

第二条　在城市、县城、建制镇、工矿区范围内使用土地的单位和个人，为城镇土地使用税（以下简称土地使用税）的纳税人，应当依照本条例的规定缴纳土地使用税。

前款所称单位，包括国有企业、集体企业、私营企业、股份制企业、外商投资企业、外国企业以及其他企业和事业单位、社会团体、国家机关、军队以及其他单位;所称个人,包括个体工商户以及其他个人。

……

第十四条 本条例自1988年11月1日起施行……

国家税务局关于土地使用税若干具体问题的解释和暂行规定

1988年10月24日 国税地字〔1988〕15号

一、关于……建制镇……范围内土地的解释

城市、县城、建制镇、工矿区范围内土地,是指在这些区域范围内属于国家所有和集体所有的土地。

二、关于……建制镇……的解释

……

建制镇是指经省、自治区、直辖市人民政府批准设立的建制镇。

……

三、关于征税范围的解释

……

建制镇的征税范围为镇人民政府所在地。

……建制镇……的具体征税范围,由各省、自治区、直辖市人民政府划定。

四、关于纳税人的确定

土地使用税由拥有土地使用权的单位或个人缴纳。……

财政部 国家税务总局
关于房产税 城镇土地使用税有关问题的通知

2008年12月18日 财税〔2008〕152号

三、关于……城镇土地使用税纳税义务截止时间的问题

纳税人因……土地的……权利状态发生变化而依法终止……城镇土地使用税纳税义务的，其应纳税款的计算应截止到……土地的……权利状态发生变化的当月末。

知识链接

1. 城镇土地使用税中城市的含义及征税范围

根据国税地字〔1988〕15号文件第二条第一款的规定，城市是指经国务院批准设立的市。

根据国税地字〔1988〕15号文件第三条第一款的规定，城市的城镇土地使用税征收范围为市区和郊区。

2. 城镇土地使用税中县城的含义及征税范围

根据国税地字〔1988〕15号文件第二条第二款的规定，县城是指县人民政府所在地。

根据国税地字〔1988〕15号文件第三条第二款的规定，县城的城镇土地使用税征收范围为县人民政府所在的城镇。

3. 城镇土地使用税中工矿区的含义及征税范围

根据国税地字〔1988〕15号文件第二条第四款的规定，工矿区是指工商业比较发达，人口比较集中，符合国务院规定的建制镇标准，但尚未设立镇建制的大中型工矿企业所在地。工矿区须经省、自治区、直辖市人民政府批准。

根据国税地字〔1988〕15号文件第三条第四款的规定，工矿区的城镇土地使用税具体征税范围，由各省、自治区、直辖市人民政府划定。

第十节　破产财产使用费收入

第 70 集
破产企业出租其 2016 年 4 月 30 日前取得的厂房，其应缴纳的增值税应如何计算确定？

扫码看视频

S 公司是一家工业企业。

2022 年 7 月，甲市人民法院作出《民事裁定书》，裁定受理债权人 T 公司申请 S 公司破产清算一案。

2022 年 9 月，管理人根据 S 公司破产清算案第一次债权人会议通过的《破产财产变价方案》，依托破产拍卖平台在网上拍卖 S 公司的一批设备。

2022 年 10 月，买受人 U 公司通过公开竞价竞得上述拍卖标的物，并与 S 公司管理人签署了《拍卖成交确认书》，该《拍卖成交确认书》约定 U 公司需于付清全部拍卖价款并签署相应文件后将所有拍卖的设备运走，逾期产生的场地占用费为每月 12 万元，按月结算；未满一个月的，结算时按照实际占用天数计算（每月按照 30 天计）。

该批设备存放于 S 公司的一栋厂房内，该栋厂房由 S 公司在县城自建，于 2011 年 10 月建成，其产权登记在 S 公司名下，所占用的土地在当地政府划定的城镇土地使用税征税范围内。

2022 年 11 月，U 公司因逾期一个月将所有拍卖的设备运走，向 S 公司支付场地占用费 12 万元。

S 公司属于增值税一般纳税人，不属于小型微利企业。2022 年 11 月，S 公司除取得该场地占用费收入外，未发生其他购销业务，其当月可以抵扣的进项税额、上期留抵税额均为零。

溪发说税之企业破产涉税事项篇

> 提问：林老师，S公司出租其2016年4月30日前取得的厂房，选择适用简易计税方法，其取得的该场地占用费收入应缴纳的增值税应如何计算确定？

林老师解答

S公司取得该场地占用费收入应缴纳的增值税计算如下：

销售额 = 12 ÷ （1 + 5%）
　　　 = 11.43（万元）
应纳税额 = 11.43 × 5%
　　　　 = 0.57（万元）

TAX 政策依据

财政部　国家税务总局
关于全面推开营业税改征增值税试点的通知

2016年3月23日　财税〔2016〕36号

附件1：

营业税改征增值税试点实施办法

第一条　在中华人民共和国境内（以下称境内）销售服务……（以下称应税行为）的单位和个人，为增值税纳税人，应当按照本办法缴纳增值税，不缴纳营业税。

单位，是指企业、行政单位、事业单位、军事单位、社会团体及其他单位。

……

第九条　应税行为的具体范围，按照本办法所附的《销售服务、无形资产、不动产注释》执行。

……

第三章 破产财产变价出售

附：
销售服务、无形资产、不动产注释

一、销售服务

销售服务，是指提供……现代服务……

（六）现代服务。

……

5.租赁服务。

租赁服务，包括……经营租赁服务。

……

（2）经营租赁服务，是指在约定时间内将……不动产转让他人使用且租赁物所有权不变更的业务活动。

按照标的物的不同，经营租赁服务可分为……不动产经营租赁服务。

附件2：
营业税改征增值税试点有关事项的规定

一、营改增试点期间，试点纳税人［指按照《营业税改征增值税试点实施办法》（以下称《试点实施办法》）缴纳增值税的纳税人］有关政策

……

（九）不动产经营租赁服务。

1.一般纳税人出租其2016年4月30日前取得的不动产，可以选择适用简易计税方法，按照5%的征收率计算应纳税额。……

划重点 消痛点

本案例中，假定S公司于2022年11月出租设备取得收入1万元，则根据《销售服务、无形资产、不动产注释》第一条第（六）项第5点的规定，

S 公司取得该项收入需要缴纳增值税。

第 71 集

破产企业出租其 2016 年 5 月 1 日后取得的厂房，其应缴纳的增值税应如何计算确定？

扫码看视频

V 公司是一家工业企业。

2022 年 7 月，乙市人民法院作出《民事裁定书》，裁定受理债权人 W 公司申请 V 公司破产清算一案。

2022 年 9 月，管理人根据 V 公司破产清算案第一次债权人会议通过的《破产财产变价方案》，依托破产拍卖平台在网上拍卖 V 公司的一批设备。

2022 年 10 月，买受人 X 公司通过公开竞价竞得上述拍卖标的物，并与 V 公司管理人签署了《拍卖成交确认书》，该《拍卖成交确认书》约定 X 公司需于付清全部拍卖价款并签署相应文件后将所有拍卖的设备运走，逾期产生的场地占用费为每月 10.9 万元，按月结算；未满 1 个月的，结算时按照实际占用天数计算（每月按照 30 天计）。

该批设备存放于 V 公司的一栋厂房内，该栋厂房由 V 公司于 2017 年 5 月在工矿区自建，其产权登记在 V 公司名下，所占用的土地在当地政府划定的城镇土地使用税征税范围内。

2022 年 12 月，X 公司因逾期 2 个月将所有拍卖的设备运走，向 V 公司支付场地占用费 21.8 万元。

V 公司属于增值税一般纳税人，不属于小型微利企业。2022 年 12 月，V 公司除取得该场地占用费收入外，未发生其他购销业务，其当月可以抵扣的进项税额、上期留抵税额均为零。

提问：林老师，V 公司出租其 2016 年 5 月 1 日后取得的厂房，取得该场地占用费收入，其应缴纳的增值税应如何计算确定？

林老师解答

V公司取得该场地占用费收入应缴纳的增值税计算如下：

应纳税额 = 当期销项税额 − 当期进项税额
= 218000 ÷ （1 + 9%）× 9% − 0
= 18000（元）

TAX 政策依据

中华人民共和国增值税暂行条例

2017年11月19日 中华人民共和国国务院令第691号修订

第二条 增值税税率：

……

（二）纳税人……不动产租赁服务……，税率为11%：

财政部 国家税务总局
关于全面推开营业税改征增值税试点的通知

2016年3月23日 财税〔2016〕36号

附件1：

营业税改征增值税试点实施办法

第十五条 增值税税率：

……

（二）提供……不动产租赁服务，……税率为11%。

财政部 税务总局关于调整增值税税率的通知

2018年4月4日 财税〔2018〕32号

一、纳税人发生增值税应税销售行为……，原适用……11%税率的，税率分别调整为……10%。

财政部 税务总局 海关总署
关于深化增值税改革有关政策的公告

2019年3月20日 财政部 税务总局 海关总署公告2019年第39号

一、增值税一般纳税人（以下称纳税人）发生增值税应税销售行为……，原适用10%税率的，税率调整为9%。

第72集

破产企业取得场地占用费收入，其应缴纳的城市维护建设税、教育费附加、地方教育附加应如何计算确定？

承第71集案例。

提问：林老师，V公司城市维护建设税的适用税率为1%，则V公司取得该场地占用费收入，其应缴纳的城市维护建设税、教育费附加、地方教育附加应如何计算确定？

第三章 破产财产变价出售

林老师解答

V 公司取得该场地占用费收入应缴纳的城市维护建设税、教育费附加、地方教育附加计算如下：

应缴纳的城市维护建设税

= 实际缴纳的增值税、消费税税额 × 适用税率

= 18000 × 1%

= 180（元）

应缴纳的教育费附加

= 实际缴纳的增值税、消费税税额 × 教育费附加征收率

= 18000 × 3%

= 540（元）

应缴纳的地方教育附加

= 实际缴纳的增值税、消费税税额 × 地方教育附加征收率

= 18000 × 2%

= 360（元）

第 73 集

破产企业取得场地占用费收入，其应缴纳的房产税应如何计算确定？

扫码看视频

承第 71 集案例。

提问：林老师，V 公司取得该场地占用费收入，其应缴纳的房产税应如何计算确定？

> 林老师解答

V公司取得该场地占用费收入应缴纳的房产税计算如下：

租金收入 = 含税租金收入 − 增值税销项税额

　　　　 = 21.8 − 1.8

　　　　 = 20（万元）

应纳税额 = 租金收入 × 适用税率

　　　　 = 20 × 12%

　　　　 = 2.4（万元）

> TAX 政策依据

中华人民共和国房产税暂行条例

2011年1月8日　中华人民共和国国务院令第588号修订

第三条　……房产出租的，以房产租金收入为房产税的计税依据。

第四条　……依照房产租金收入计算缴纳的，税率为12%。

**财政部　国家税务总局关于营改增后
契税　房产税　土地增值税　个人所得税
计税依据问题的通知**

2016年4月25日　财税〔2016〕43号

二、房产出租的，计征房产税的租金收入不含增值税。

……

本通知自2016年5月1日起执行。

第十一节　拍卖转让应收款项

第 74 集

破产企业拍卖转让应收款项，需要缴纳增值税吗？

A 公司是一家破产清算企业。

2022 年 8 月，管理人根据 A 公司破产清算案第一次债权人会议通过的《破产财产变价方案》，依托破产拍卖平台在网上第一次拍卖 A 公司账面记载的应收账款；《竞买公告》和《竞买须知》规定，拍卖转让该应收账款所产生的税费由买卖双方按照税收法规等规定各自缴纳。

经过四次拍卖流拍后，管理人于 2022 年 12 月发布第五次拍卖公告。当月，买受人 B 公司通过公开竞价竞得上述拍卖标的物，并与 A 公司管理人签署了《拍卖成交确认书》，该《拍卖成交确认书》确认的成交价为 54.25 万元。

该应收账款共 120 笔，计税基础为 1240 万元，整体拍卖、按现状交付。

提问：林老师，A 公司拍卖转让该应收账款，需要缴纳增值税吗？

林老师解答

A 公司拍卖转让该应收账款，不属于金融商品转让，不需要缴纳增值税。

溪发说税之企业破产涉税事项篇

TAX 政策依据

财政部 国家税务总局
关于全面推开营业税改征增值税试点的通知

2016 年 3 月 23 日 财税〔2016〕36 号

附件 1：

营业税改征增值税试点实施办法

附：

销售服务、无形资产、不动产注释

一、销售服务
销售服务，是指提供……金融服务……
（五）金融服务。
……
4.金融商品转让。
金融商品转让，是指转让……有价证券……所有权的业务活动。

第 75 集

破产企业拍卖转让应收款项，需要缴纳印花税吗？

承第 74 集案例。

提问：林老师，A 公司拍卖转让该应收账款，需要缴纳印花税吗？

扫码看视频

林老师解答

A 公司拍卖转让该应收账款所签订的《拍卖成交确认书》，不属于《中华人民共和国印花税法》所列的应税凭证，不需要缴纳印花税。

第 76 集
破产企业拍卖转让应收款项发生的损失，可以在企业所得税税前扣除吗？

承第 74 集案例。

提问：林老师，A 公司拍卖转让该应收账款发生的损失，可以在企业所得税税前扣除吗？

林老师解答

可以。

TAX 政策依据

国家发展改革委等十三部门关于推动和保障管理人在破产程序中依法履职 进一步优化营商环境的意见

2021 年 2 月 25 日　发改财金规〔2021〕274 号

五、便利破产企业涉税事务处理

……

（十五）……对于破产企业根据资产处置结果，……依照税法规定进行资产损失扣除。
……

本意见自印发之日起施行。……

国家税务总局关于发布
《企业资产损失所得税税前扣除管理办法》的公告

2011年3月31日　国家税务总局公告2011年第25号

第二条　本办法所称资产是指企业拥有或者控制的、用于经营管理活动相关的资产，包括……应收及预付款项（包括应收票据、各类垫款、企业之间往来款项）等货币性资产……

第三条　准予在企业所得税税前扣除的资产损失，是指企业在实际处置、转让上述资产过程中发生的合理损失（以下简称实际资产损失）……

第五十二条　本办法自2011年1月1日起施行……

财政部　国家税务总局
关于企业清算业务企业所得税处理若干问题的通知

2009年4月30日　财税〔2009〕60号

三、企业清算的所得税处理包括以下内容：

（一）全部资产均应按……交易价格，确认资产转让……损失；

第四章　破产财产分配

第一节　破产财产抵偿债务

第 77 集

破产企业以产成品清偿债务，需要缴纳增值税吗？

A 公司是一家破产清算企业。

2022 年 8 月，管理人根据 A 公司破产清算案第一次债权人会议通过的《破产财产变价方案》，依托破产拍卖平台在网上拍卖 A 公司的一批产成品。

经过多次拍卖流拍后，管理人于 2022 年 12 月根据《破产财产变价方案》《破产财产分配方案》，将该批产成品折价分配给债权人清偿债务。

A 公司属于增值税一般纳税人，不属于小型微利企业。2022 年 12 月，A 公司除以产成品清偿债务外，未发生其他购销业务，其当月可以抵扣的进项税额、上期留抵税额和上期结转的加计抵减额余额均为零。

提问：林老师，A 公司以该批产成品清偿债务，需要缴纳增值税吗？

林老师解答

需要。

> **TAX 政策依据**
>
> **中华人民共和国增值税暂行条例**
>
> 2017年11月19日　中华人民共和国国务院令第691号修订
>
> 第一条　在中华人民共和国境内销售货物……的单位和个人,为增值税的纳税人,应当依照本条例缴纳增值税。
>
> **中华人民共和国增值税暂行条例实施细则**
>
> 2011年10月28日　财政部令第65号修订
>
> 第二条　条例第一条所称货物,是指有形动产……
> 第三条　条例第一条所称销售货物,是指有偿转让货物的所有权。
> ……
> 本细则所称有偿,是指从购买方取得……其他经济利益。

划重点　消痛点

　　本案例中,假定A公司于2022年12月以一批原材料清偿债务,则根据《中华人民共和国增值税暂行条例》第一条、《中华人民共和国增值税暂行条例实施细则》第二条第一款、第三条第一款和第三款的规定,A公司以原材料清偿债务也需要缴纳增值税。

第四章 破产财产分配

第 78 集
破产企业以产成品清偿债务，需要缴纳城市维护建设税吗？

承第 77 集案例。

提问：林老师，A 公司以该批产成品清偿债务，需要缴纳城市维护建设税吗？

林老师解答

需要。

[TAX] 政策依据

中华人民共和国城市维护建设税法

2020 年 8 月 11 日　中华人民共和国主席令第五十一号

第一条　在中华人民共和国境内缴纳增值税、消费税的单位和个人，为城市维护建设税的纳税人，应当依照本法规定缴纳城市维护建设税。

第 79 集

破产企业以产成品清偿债务,需要缴纳教育费附加吗?

承第 77 集案例。

提问:林老师,A 公司以该批产成品清偿债务,需要缴纳教育费附加吗?

林老师解答

需要。

政策依据

征收教育费附加的暂行规定

2011 年 1 月 8 日　中华人民共和国国务院令第 588 号修订

第二条　凡缴纳消费税、增值税、营业税的单位和个人,除按照《国务院关于筹措农村学校办学经费的通知》(国发〔1984〕174 号文)的规定,缴纳农村教育事业费附加的单位外,都应当依照本规定缴纳教育费附加。

第四章 破产财产分配

第 80 集

破产企业以产成品清偿债务,需要缴纳地方教育附加吗?

承第 77 集案例。

提问:林老师,A 公司以该批产成品清偿债务,需要缴纳地方教育附加吗?

林老师解答

需要。

政策依据

财政部关于统一地方教育附加政策有关问题的通知

2010 年 11 月 7 日　财综〔2010〕98 号

一、统一开征地方教育附加。尚未开征地方教育附加的省份,省级财政部门应按照《教育法》的规定,根据本地区实际情况尽快研究制定开征地方教育附加的方案,报省级人民政府同意后,由省级人民政府于 2010 年 12 月 31 日前报财政部审批。

第 81 集

破产企业以产成品清偿债务，需要确认企业所得税收入吗？

承第 77 集案例。

提问：林老师，A 公司以该批产成品清偿债务，需要确认企业所得税收入吗？

林老师解答

需要。

政策依据

中华人民共和国企业所得税法实施条例

2019 年 4 月 23 日 中华人民共和国国务院令第 714 号修订

第二十五条 企业……将货物……用于……偿债……等用途的，应当视同销售货物……，但国务院财政、税务主管部门另有规定的除外。

第四章 破产财产分配

第 82 集

破产企业以商场清偿债务，需要缴纳增值税吗？

扫码看视频

B 公司是一家房地产开发企业。

2021 年 10 月，甲市人民法院作出《民事裁定书》，裁定受理债权人 C 公司申请 B 公司破产清算一案，并指定 D 律师事务所担任该案管理人。

2022 年 6 月，管理人根据 B 公司破产清算案第一次债权人会议通过的《破产财产变价方案》，依托破产拍卖平台在网上拍卖 B 公司所开发的一层商场。

经过多次拍卖流拍后，管理人于 2022 年 12 月根据《破产财产变价方案》《破产财产分配方案》，将该商场折价分配给债权人清偿债务。

B 公司属于增值税一般纳税人，不属于小型微利企业。2022 年 12 月，B 公司除以商场清偿债务外，未发生其他购销业务，其当月可以抵扣的进项税额、上期留抵税额和上期结转的加计抵减额余额均为零。

提问：林老师，B 公司以该商场清偿债务，需要缴纳增值税吗？

林老师解答

需要。

141

> **政策依据**

财政部 国家税务总局
关于全面推开营业税改征增值税试点的通知

2016年3月23日 财税〔2016〕36号

附件1：

营业税改征增值税试点实施办法

第一条 在中华人民共和国境内（以下称境内）销售……不动产（以下称应税行为）的单位和个人，为增值税纳税人，应当按照本办法缴纳增值税，不缴纳营业税。

单位，是指企业、行政单位、事业单位、军事单位、社会团体及其他单位。

……

第九条 应税行为的具体范围，按照本办法所附的《销售服务、无形资产、不动产注释》执行。

附：

销售服务、无形资产、不动产注释

三、销售不动产

销售不动产，是指转让不动产所有权的业务活动。不动产，是指不能移动或者移动后会引起性质、形状改变的财产，包括建筑物……等。

建筑物，包括……商业营业用房……等可供居住、工作或者进行其他活动的建造物。

第 83 集

破产企业以商场清偿债务，需要缴纳土地增值税吗？

承第 82 集案例。

提问：林老师，B 公司以该商场清偿债务，其增值额大于零，需要缴纳土地增值税吗？

林老师解答

需要。

政策依据

国家税务总局关于印发
《土地增值税清算管理规程》的通知

2009 年 5 月 12 日　国税发〔2009〕91 号

第十九条　非直接销售和自用房地产的收入确定

（一）房地产开发企业将开发产品用于……抵偿债务……，发生所有权转移时应视同销售房地产……

第三十八条　本规程自 2009 年 6 月 1 日起施行，……

国家税务总局关于营改增后土地增值税
若干征管规定的公告

2016 年 11 月 10 日　国家税务总局公告 2016 年第 70 号

二、关于营改增后视同销售房地产的土地增值税应税收入确认问题

纳税人将开发产品用于……抵偿债务……，发生所有权转移时应视

同销售房地产，其收入应按照《国家税务总局关于房地产开发企业土地增值税清算管理有关问题的通知》（国税发〔2006〕187号）第三条规定执行。……

划重点　消痛点

根据国税发〔2006〕187号文件第三条的规定，本案例中B公司以商场清偿债务，在计算缴纳土地增值税时，其房地产销售收入按下列方法和顺序确认：

1. 按B公司在同一地区、同一年度销售的同类房地产的平均价格确定；
2. 由主管税务机关参照当地当年、同类房地产的市场价格或评估价值确定。

第84集

破产企业以商场清偿债务，需要确认企业所得税收入吗？

承第82集案例。

提问：林老师，B公司以该商场清偿债务，需要确认企业所得税收入吗？

林老师解答

需要。

> **政策依据**
>
> ### 国家税务总局关于印发
> ### 《房地产开发经营业务企业所得税处理办法》的通知
>
> 2009年3月6日　国税发〔2009〕31号
>
> 第七条　企业将开发产品用于……抵偿债务……等行为，应视同销售，于开发产品所有权或使用权转移，或于实际取得利益权利时确认收入（或利润）的实现。……
>
> 第三十九条　本通知自2008年1月1日起执行。

第二节　实施破产财产分配

第 85 集

破产企业无法清偿的应付款项，需要确认为债务清偿所得吗？

2022年1月，乙市人民法院作出《民事裁定书》，裁定受理债权人E公司申请F公司破产清算一案，并指定G律师事务所担任该案管理人。

2022年10月，F公司破产清算案第二次债权人会议表决通过了《破产财产分配方案》；乙市人民法院于当月裁定认可F公司《破产财产分配方案》。

2022年12月，管理人根据乙市人民法院裁定认可的F公司《破产财产分配方案》实施破产财产分配，F公司可供用于分配的财产为6700万元，扣除建设工程优先权受偿金额410万元、担保财产优先受偿金额5700万元、应优先支付的破产费用及共益债务受偿金额120万元后，可供分配的破产财产为470万元。根据《企业破产法》第一百一十四条的规定，管理人以货币方式对该可供分配的破产财产进行分配，分配情况如下：

1. 根据《企业破产法》第一百一十三条的规定，第一顺序应清偿的职工债权总额为102万元，实际清偿职工债权总额为102万元，受偿率100%。

2. 根据《企业破产法》第一百一十三条的规定，第二顺序应清偿的税款债权241万元，实际清偿税款债权241万元，受偿率100%。

3. 在按照上述清偿顺序对前顺位债权予以清偿后，可供普通

第四章 破产财产分配

债权人分配的破产财产为 127 万元，本次分配需要纳入的无财产担保普通债权总额为 4320 万元，普通债权依法以第三顺序进行清偿，普通债权本次分配受偿率为 2.9398%（根据 127 万元 ÷ 4320 万元计算得出）。

乙市人民法院于 2022 年 12 月裁定 F 公司终结破产程序。

提问：林老师，F 公司无法清偿的应付款项，在申报缴纳企业所得税时，需要确认为债务清偿所得吗？

林老师解答

需要。

TAX 政策依据

中华人民共和国企业所得税法

2018 年 12 月 29 日 中华人民共和国主席令第二十三号修正

第六条 企业以货币形式和非货币形式从各种来源取得的收入，为收入总额。包括：

……

（九）其他收入。

中华人民共和国企业所得税法实施条例

2019 年 4 月 23 日 中华人民共和国国务院令第 714 号修订

第二十二条 企业所得税法第六条第（九）项所称其他收入，是指企业取得的除企业所得税法第六条第（一）项至第（八）项规定的收入外的其他收入，包括……确实无法偿付的应付款项……等。

财政部 国家税务总局
关于企业清算业务企业所得税处理若干问题的通知

2009 年 4 月 30 日　财税〔2009〕60 号

二、下列企业应进行清算的所得税处理：

（一）按《公司法》、《企业破产法》等规定需要进行清算的企业；

……

三、企业清算的所得税处理包括以下内容：

……

（二）确认……债务清偿的所得……

六、本通知自 2008 年 1 月 1 日起执行。

第 86 集

被强制清算企业以股票分配股东，需要缴纳增值税吗？

2022 年 5 月，丙市人民法院裁定受理 I 公司申请对 H 公司强制清算一案，并依法指定 J 会计师事务所从所内选取具备相关专业知识并取得执业资格的人员组成 H 公司清算组（以下简称清算组）。

I 公司、K 公司为 H 公司的股东，分别持有 H 公司 55%、45% 的股份。

2022 年 9 月，清算组清理 H 公司财产、编制资产负债表和财产清单。

2022 年 10 月，清算组制定 H 公司清算方案并报丙市人民法院确认。

第四章 破产财产分配

2022年11月,清算组根据丙市人民法院裁定认可的H公司清算方案实施财产分配,H公司的财产在扣除应优先支付的清算费用(含清算组报酬和清算组执行清算事务实际发生的费用、预留清算费用及税费)后,清算组按照如下顺序以货币方式进行分配:

1. 支付职工的工资、社会保险费用和法定补偿金;
2. 缴纳所欠税款;
3. 清偿公司债务。

清偿上列债权后H公司剩余的财产为货币资金10万元、所持有的L上市公司股票4万股,清算组于当月按照各股东实际出资比例进行分配,其中:

1. I公司分得货币资金5.5万元、股票2.2万股;
2. K公司分得货币资金4.5万元、股票1.8万股。

清算组将该股票分配给各股东,证券登记结算机构中股票所有权登记发生变更当日的收盘价为每股15元。该股票由H公司于2019年7月购入,买入价为48万元。

H公司属于增值税一般纳税人,不属于小型微利企业。2022年11月,H公司除以股票分配股东外,未发生其他购销业务,其当月可以抵扣的进项税额、上期留抵税额和上期结转的加计抵减额余额均为零。

提问:林老师,H公司以该股票分配股东,需要缴纳增值税吗?

林老师解答

需要。

> **TAX 政策依据**
>
> **财政部　国家税务总局**
> **关于全面推开营业税改征增值税试点的通知**
>
> 2016 年 3 月 23 日　财税〔2016〕36 号
>
> 附件 1：
>
> 　　营业税改征增值税试点实施办法
>
> 附：
>
> 　　销售服务、无形资产、不动产注释
>
> 一、销售服务
>
> 销售服务，是指提供……金融服务……
>
> （五）金融服务。
>
> ……
>
> 4.金融商品转让。
>
> 金融商品转让，是指转让……有价证券……所有权的业务活动。

第 87 集

被强制清算企业以股票分配股东，其应缴纳的增值税应如何计算确定？

承第 86 集案例。

提问：林老师，H 公司以该股票分配股东，其应缴纳的增值税应如何计算确定？

第四章 破产财产分配

林老师解答

H 公司以该股票分配股东应缴纳的增值税计算如下：

销售额 = 卖出价 − 买入价

= （15 × 4 − 48）÷（1 + 6%）

= 11.32（万元）

应纳税额 = 销售额 × 6%

= 11.32 × 6%

= 0.68（万元）

TAX 政策依据

财政部　国家税务总局
关于全面推开营业税改征增值税试点的通知

2016 年 3 月 23 日　财税〔2016〕36 号

附件 1：

营业税改征增值税试点实施办法

第十五条　增值税税率：

（一）纳税人发生应税行为，除本条第（二）项、第（三）项、第（四）项规定外，税率为 6%。

……

第四十五条　增值税纳税义务……发生时间为：

（三）纳税人从事金融商品转让的，为金融商品所有权转移的当天。

附件 2：

营业税改征增值税试点有关事项的规定

一、营改增试点期间，试点纳税人［指按照《营业税改征增值税试

点实施办法》（以下称《试点实施办法》）缴纳增值税的纳税人〕有关政策

……

（三）销售额。

……

3. 金融商品转让，按照卖出价扣除买入价后的余额为销售额。

第 88 集
被强制清算企业以股票分配股东，需要确认企业所得税收入吗？

承第 86 集案例。

提问：林老师，H 公司以该股票分配股东，需要确认企业所得税收入吗？

林老师解答

需要。

TAX 政策依据

中华人民共和国企业所得税法实施条例

2019 年 4 月 23 日　中华人民共和国国务院令第 714 号修订

第二十五条　企业……将……财产……用于……利润分配等用途的，应当视同……转让财产……，但国务院财政、税务主管部门另有规定的除外。

第四章 破产财产分配

> **划重点　消痛点**

本案例中，H公司以股票分配股东，根据《国家税务总局关于企业所得税有关问题的公告》（国家税务总局公告2016年第80号）第二条的规定，在计算缴纳企业所得税时，H公司应按照该股票的公允价值确定销售收入。

第五章　破产企业领用和开具发票

第一节　破产企业申领、开具发票

第 89 集

破产企业因继续履行合同需要使用发票，管理人可以破产企业名义到税务部门申领、开具发票吗？

2022 年 10 月，甲市人民法院裁定受理债权人 A 公司申请 B 公司破产清算一案，并指定 C 律师事务所担任该案管理人。

2022 年 11 月，B 公司因继续履行破产申请受理前签订的货物买卖合同，需要开具发票给货物买受人。

提问：林老师，B 公司因继续履行合同需要使用发票，管理人可以以 B 公司名义到税务部门申领、开具发票吗？

林老师解答

可以。

TAX 政策依据

国家税务总局关于税收征管若干事项的公告

2019 年 12 月 12 日　国家税务总局公告 2019 年第 48 号

四、关于企业破产清算程序中的税收征管问题

……

（二）……

第五章 破产企业领用和开具发票

企业因继续履行合同……需要开具发票的，管理人可以以企业名义按规定申领开具发票或者代开发票。

国家发展改革委等十三部门关于推动和保障管理人在破产程序中依法履职 进一步优化营商环境的意见

2021年2月25日 发改财金规〔2021〕274号

五、便利破产企业涉税事务处理

（十一）保障破产企业必要发票供应。……破产企业因履行合同……等原因在破产程序中确需使用发票的，管理人可以以纳税人名义到税务部门申领、开具发票。……

第90集 破产企业因出租厂房需要使用发票，管理人可以以破产企业名义到税务部门申领、开具发票吗？

2022年10月，乙市人民法院裁定受理债权人D公司申请E公司破产清算一案，并指定F律师事务所担任该案管理人。

2022年11月，E公司因出租厂房，需要开具发票给承租人。

提问：林老师，E公司因出租厂房需要使用发票，管理人可以以E公司名义到税务部门申领、开具发票吗？

林老师解答

可以。

溪发说税之 企业破产涉税事项篇

> **TAX 政策依据**
>
> **国家税务总局关于税收征管若干事项的公告**
>
> 2019 年 12 月 12 日　国家税务总局公告 2019 年第 48 号
>
> 四、关于企业破产清算程序中的税收征管问题
>
> ……
>
> （二）……
>
> 企业因……生产经营……需要开具发票的，管理人可以以企业名义按规定申领开具发票或者代开发票。
>
> **国家发展改革委等十三部门关于推动和保障管理人在破产程序中依法履职　进一步优化营商环境的意见**
>
> 2021 年 2 月 25 日　发改财金规〔2021〕274 号
>
> 五、便利破产企业涉税事务处理
>
> （十一）保障破产企业必要发票供应。……破产企业因……继续营业等原因在破产程序中确需使用发票的，管理人可以以纳税人名义到税务部门申领、开具发票。……

第 91 集

破产企业因拍卖转让原材料需要使用发票，管理人可以以破产企业名义到税务部门申领、开具发票吗？

2022 年 9 月，丙市人民法院裁定受理债权人 G 公司申请 H 公司破产清算一案，并指定 I 律师事务所担任该案管理人。

2022 年 11 月，管理人根据 H 公司破产清算案第一次债权人会议通过的《破产财产变价方案》，在破产拍卖平台对 H 公司

第五章 破产企业领用和开具发票

的一批原材料进行网上公开拍卖。

2022年12月，买受人J公司通过公开竞价竞得上述拍卖标的物。

当月，H公司因拍卖转让该批原材料，需要开具发票给J公司。

提问：林老师，H公司因拍卖转让原材料需要使用发票，管理人可以以H公司名义到税务部门申领、开具发票吗？

林老师解答

可以。

政策依据

国家税务总局关于税收征管若干事项的公告

2019年12月12日　国家税务总局公告2019年第48号

四、关于企业破产清算程序中的税收征管问题

……

（二）……

企业因……处置财产需要开具发票的，管理人可以以企业名义按规定申领开具发票或者代开发票。

国家发展改革委等十三部门关于推动和保障管理人在破产程序中依法履职　进一步优化营商环境的意见

2021年2月25日　发改财金规〔2021〕274号

五、便利破产企业涉税事务处理

（十一）保障破产企业必要发票供应。……破产企业因……处置财

产……等原因在破产程序中确需使用发票的，管理人可以以纳税人名义到税务部门申领、开具发票。……

划重点　消痛点

根据发改财金规〔2021〕274号文件第五条第（十一）项的规定，税务部门在督促纳税人就新产生的纳税义务足额纳税的同时，按照有关规定满足其合理发票领用需要，不得以破产企业存在欠税情形为由拒绝。

第二节　破产企业解除非正常状态

第92集　破产重整企业就其逾期未申报行为接受处罚、缴纳罚款，并补办纳税申报，需要专门向主管税务机关申请解除非正常状态吗？

2020年11月，L公司因连续3个月所有税种均未进行纳税申报，被税收征管系统自动认定为非正常户，并停止其发票领用簿和发票的使用。

2022年6月，丁市人民法院作出《民事裁定书》，裁定受理债权人K公司申请L公司破产重整一案，并指定M会计师事务所担任该案管理人。

2022年11月，丁市人民法院裁定批准《L公司重整计划》。

提问：林老师，L公司于2022年12月就其逾期未申报行为接受处罚、缴纳罚款，并补办纳税申报，L公司需要专门向主管税务机关申请解除非正常状态吗？

林老师解答

不需要。

政策依据

国家税务总局关于税收征管若干事项的公告

2019年12月12日　国家税务总局公告2019年第48号

三、关于非正常户的认定与解除

（一）……

纳税人负有纳税申报义务，但连续三个月所有税种均未进行纳税申报的，税收征管系统自动将其认定为非正常户，并停止其发票领用簿和发票的使用。

……

（三）已认定为非正常户的纳税人，就其逾期未申报行为接受处罚、缴纳罚款，并补办纳税申报的，税收征管系统自动解除非正常状态，无需纳税人专门申请解除。

第六章　破产重整

第一节　破产重整的一般性税务处理

第 93 集
破产重整企业无须清偿的债务，需要确认为债务重组收入吗？

2022 年 5 月，甲市人民法院裁定受理债权人 B 公司申请 A 公司破产重整一案，并指定 C 会计师事务所担任该案管理人。

2022 年 7 月，A 公司债权人向管理人申报债权，经管理人审核、甲市人民法院裁定认可的债权总额为 5700 万元，其中：建设工程债权为 510 万元、职工债权为 430 万元、税款债权为 270 万元、普通债权为 4490 万元。A 公司上述负债的计税基础为 5700 万元。

2022 年 11 月，甲市人民法院裁定批准《A 公司重整计划》。

按照《A 公司重整计划》，重组方 D 公司于当月向 A 公司提供重整投资款，在支付 A 公司破产费用、共益债务后，以现金清偿 A 公司的债务 1750 万元，债务清偿情况为：建设工程债权 510 万元、职工债权 430 万元、税款债权 270 万元全部清偿，普通债权清偿 540 万元。A 公司以现金清偿债务发生的税费为零。A 公司对未被清偿的债务不再承担清偿责任。

A 公司债务重组适用一般性税务处理规定。

提问：林老师，A 公司无须清偿的债务，在计算缴纳企业所得税时，需要确认为债务重组收入吗？

> 林老师解答

需要。

> 政策依据

中华人民共和国企业所得税法

2018年12月29日　中华人民共和国主席令第二十三号修正

第六条　企业以货币形式和非货币形式从各种来源取得的收入，为收入总额。包括：

……

（九）其他收入。

中华人民共和国企业所得税法实施条例

2019年4月23日　中华人民共和国国务院令第714号修订

第二十二条　企业所得税法第六条第（九）项所称其他收入，是指企业取得的除企业所得税法第六条第（一）项至第（八）项规定的收入外的其他收入，包括……确实无法偿付的应付款项……等。

财政部　国家税务总局
关于企业重组业务企业所得税处理若干问题的通知

2009年4月30日　财税〔2009〕59号

一、本通知所称企业重组，是指企业在日常经营活动以外发生的法律结构或经济结构重大改变的交易，包括……债务重组……

（二）债务重组，是指在债务人发生财务困难的情况下，债权人按照其与债务人达成的书面协议或者法院裁定书，就其债务人的债务作出让步的事项。

......

三、企业重组的税务处理区分不同条件分别适用一般性税务处理规定和特殊性税务处理规定。

......

十三、本通知自 2008 年 1 月 1 日起执行。

划重点　消痛点

根据财税〔2009〕59 号文件第一条的规定，除本案例中的债务重组外，企业重组还包括企业法律形式改变、股权收购、资产收购、合并、分立等。

第 94 集

破产重整企业无须清偿的债务，应于何时确认债务重组收入？

扫码看视频

承第 93 集案例。

提问：林老师，A 公司无须清偿的债务，在计算缴纳企业所得税时，应于何时确认债务重组收入？

林老师解答

A 公司应于 2022 年 11 月确认债务重组收入。

政策依据

国家税务总局关于贯彻落实企业所得税法若干税收问题的通知

2010年2月22日　国税函〔2010〕79号

二、关于债务重组收入确认问题

企业发生债务重组，应在债务重组合同或协议生效时确认收入的实现。

国家税务总局关于企业重组业务企业所得税征收管理若干问题的公告

2015年6月24日　国家税务总局公告2015年第48号

三、……

企业重组日的确定，按以下规定处理：

1.债务重组，以债务重组合同（协议）或法院裁定书生效日为重组日。

……

十二、本公告适用于2015年度及以后年度企业所得税汇算清缴。

第95集　破产重整企业以现金清偿债务，其债务重组所得应如何计算确定？

承第93集案例。

提问：林老师，A公司无须清偿的债务，在计算缴纳企业所得税时，其债务重组所得应如何计算确定？

第六章 破产重整

林老师解答

A公司该项债务重组所得计算如下：

债务重组所得 = 债务计税基础 − 支付的债务清偿额
             = 5700−1750
             = 3950（万元）

TAX 政策依据

财政部　国家税务总局
关于企业重组业务企业所得税处理若干问题的通知

2009年4月30日　财税〔2009〕59号

四、企业重组，除符合本通知规定适用特殊性税务处理规定的外，按以下规定进行税务处理：

……

（二）企业债务重组，相关交易应按以下规定处理：

……

3.债务人应当按照支付的债务清偿额低于债务计税基础的差额，确认债务重组所得；……

第96集

破产重整企业以办公楼清偿债务，其债务重组所得应如何计算确定？

2022年5月，乙市人民法院裁定受理债权人F公司申请E公司破产重整一案，并指定G律师事务所担任该案管理人。

2022年10月，乙市人民法院裁定批准《E公司重整计划》。

按照《E公司重整计划》，E公司于当月以其名下的一栋办公楼抵偿债务，该债务的计税基础为6200万元，该栋办公楼的公允价值为1000万元（不含增值税）。E公司以该栋办公楼抵偿债务发生的相关税费为9.5万元（不含增值税）。E公司对未被清偿的债务不再承担清偿责任。

E公司债务重组适用一般性税务处理规定。

提问：林老师，E公司以该栋办公楼抵偿债务，在计算缴纳企业所得税时，其债务重组所得应如何计算确定？

林老师解答

E公司债务重组所得计算如下：

债务重组所得 = 6200 − 1000 − 9.5
　　　　　　 = 5190.5（万元）

TAX 政策依据

财政部　国家税务总局
关于企业重组业务企业所得税处理若干问题的通知

2009年4月30日　财税〔2009〕59号

四、企业重组，除符合本通知规定适用特殊性税务处理规定的外，按以下规定进行税务处理：

……

（二）企业债务重组，相关交易应按以下规定处理：

1. 以非货币资产清偿债务，应当分解为转让相关非货币性资产、按非货币性资产公允价值清偿债务两项业务，确认相关资产的所得或损失。

第六章 破产重整

第 97 集 破产重整企业发生债权转股权，其债务清偿所得应如何计算确定？

H 公司是一家非上市公司。

2022 年 5 月，丙市人民法院裁定受理债权人 I 公司申请 H 公司破产重整一案，并指定 J 律师事务所担任该案管理人。

2022 年 9 月，丙市人民法院裁定批准《H 公司重整计划》。

按照《H 公司重整计划》，债权人 K 公司于当月作为重组方，将其对 H 公司的债权 2000 万元转为对 H 公司投资入股。债权转股权后，K 公司持有 H 公司 100% 股权，该项股权的公允价值为 400 万元。

H 公司发生债权转股权，支付的相关税费为 0.1 万元。H 公司对未被清偿的债务不再承担清偿责任。

H 公司债务重组适用一般性税务处理规定，其对 K 公司负债的计税基础为 2000 万元。

提问：林老师，H 公司发生债权转股权，在计算缴纳企业所得税时，其债务清偿所得应如何计算确定？

林老师解答

H 公司该项债务清偿所得计算如下：

债务清偿所得 = 2000 − 400 − 0.1
= 1599.9（万元）

政策依据

财政部　国家税务总局
关于企业重组业务企业所得税处理若干问题的通知

2009年4月30日　财税〔2009〕59号

四、企业重组，除符合本通知规定适用特殊性税务处理规定的外，按以下规定进行税务处理：

……

（二）企业债务重组，相关交易应按以下规定处理：

……

2. 发生债权转股权的，应当分解为债务清偿和股权投资两项业务，确认有关债务清偿所得或损失。

第98集

破产重整企业以普通股清偿债务，其债务清偿所得应如何计算确定？

L公司是一家境内上市公司。

2022年5月，丁市人民法院裁定受理债权人M公司申请L公司破产重整一案，并指定N律师事务所担任该案管理人。

2022年9月，丁市人民法院裁定批准《L公司重整计划》。

按照《L公司重整计划》，L公司于当月以本公司120万股普通股抵偿债务，该债务的计税基础为7500万元，该普通股的公允价值为1200万元。L公司以普通股抵偿债务发生的税费为1.5万元。L公司对未被清偿的债务不再承担清偿责任。

L公司债务重组适用一般性税务处理规定。

提问：林老师，L公司以普通股抵偿债务，在计算缴纳企业所得税时，其债务清偿所得应如何计算确定？

林老师解答

L公司该项债务清偿所得计算如下：

债务清偿所得 = 7500 − 1200 − 1.5

= 6298.5（万元）

第二节　破产重整的特殊性税务处理

第 99 集

破产重整企业适用特殊性税务处理规定，其债务重组确认的应纳税所得额可以分期计入各年度的应纳税所得额吗？

P 公司是一家境内上市公司。

2022 年 5 月，甲市人民法院裁定受理债权人 Q 公司申请 P 公司破产重整一案，并指定 R 会计师事务所担任该案管理人。

2022 年 7 月，P 公司债权人向管理人申报债权，经管理人审核、甲市人民法院裁定认可的债权总额为 9.5 亿元，其中：有财产担保债权为 3.2 亿元、职工债权为 0.7 亿元、税款债权为 0.2 亿元、普通债权为 5.4 亿元。P 公司上述负债的计税基础为 9.5 亿元。

2022 年 9 月，甲市人民法院裁定批准《P 公司重整计划》。

按照《P 公司重整计划》，重组方 S 公司于当月向 P 公司提供重整投资款；P 公司收到重整投资款后，先以现金方式一次性全额清偿有财产担保债权 3.2 亿元、职工债权 0.7 亿元、税款债权 0.2 亿元；再按如下方式清偿普通债权：（1）每家普通债权人 200 万元以下（含 200 万元）的债权部分，由 P 公司以现金方式清偿，清偿比例为 15%；（2）每家普通债权人超过 200 万元以上的债权部分，以 P 公司普通股抵偿，该普通股的公允价值低于被抵偿债务的计税基础。P 公司对未被清偿的债务不再承担清偿责任。

P 公司债务重组适用特殊性税务处理规定，债务重组确认的应纳税所得额占其当年应纳税所得额 50% 以上。

第六章 破产重整

> 提问：林老师，P公司债务重组确认的应纳税所得额可以在5个纳税年度的期间内，均匀计入各年度的应纳税所得额吗？

林老师解答

可以。

政策依据

财政部 国家税务总局
关于企业重组业务企业所得税处理若干问题的通知

2009年4月30日 财税〔2009〕59号

五、企业重组同时符合下列条件的，适用特殊性税务处理规定：

（一）具有合理的商业目的，且不以减少、免除或者推迟缴纳税款为主要目的。

（二）被收购、合并或分立部分的资产或股权比例符合本通知规定的比例。

（三）企业重组后的连续12个月内不改变重组资产原来的实质性经营活动。

（四）重组交易对价中涉及股权支付金额符合本通知规定比例。

（五）企业重组中取得股权支付的原主要股东，在重组后连续12个月内，不得转让所取得的股权。

六、企业重组符合本通知第五条规定条件的，交易各方对其交易中的股权支付部分，可以按以下规定进行特殊性税务处理：

（一）企业债务重组确认的应纳税所得额占该企业当年应纳税所得额50%以上，可以在5个纳税年度的期间内，均匀计入各年度的应纳税所得额。

溪发说税之企业破产涉税事项篇

> **划重点　消痛点**

本案例中，假定 P 公司债务重组确认的应纳税所得额未超过其当年应纳税所得额的 50%，则 P 公司债务重组确认的应纳税所得额不可以在 5 个纳税年度的期间内均匀计入各年度的应纳税所得额。

第 100 集
适用特殊性税务处理规定的破产重整企业以普通股抵偿债务，需要确认债务清偿所得吗？

承第 99 集案例。

提问：林老师，P 公司以普通股抵偿债务，在计算缴纳企业所得税时，需要确认债务清偿所得吗？

> **林老师解答**

不需要。

政策依据

财政部　国家税务总局
关于企业重组业务企业所得税处理若干问题的通知
2009 年 4 月 30 日　财税〔2009〕59 号

六、企业重组符合本通知第五条规定条件的，交易各方对其交易中的股权支付部分，可以按以下规定进行特殊性税务处理：

（一）……

第六章 破产重整

> 企业发生债权转股权业务，对债务清偿和股权投资两项业务暂不确认有关债务清偿所得或损失，……

划重点 消痛点

根据财税〔2009〕59号文件第六条第（一）项第二款的规定，本案例中P公司的其他相关企业所得税事项保持不变。

第三节　破产重整形成的资产损失

第 101 集

破产重整企业以原材料抵偿债务形成的资产损失，可以在企业所得税税前扣除吗？

2022 年 5 月，乙市人民法院裁定受理债权人 U 公司申请 T 公司破产重整一案，并指定 V 会计师事务所担任该案管理人。

2022 年 9 月，乙市人民法院裁定批准《T 公司重整计划》。

按照《T 公司重整计划》，T 公司于当月以一批原材料抵偿债务，该批原材料的公允价值为 300 万元（不含增值税）、计税基础为 650 万元（不含增值税）。

T 公司属于增值税一般纳税人，不属于小型微利企业。2022 年 9 月，T 公司除以原材料清偿债务外，未发生其他购销业务，其上期留抵税额大于按抵偿债务原材料的公允价值计算的销项税额。T 公司以原材料抵偿债务发生的其他相关税费为零。

T 公司债务重组适用一般性税务处理规定。

提问：林老师，T 公司以原材料抵偿债务形成的资产损失，可以在企业所得税税前扣除吗？

林老师解答

可以。

第六章 破产重整

> **TAX 政策依据**
>
> **国家发展改革委等十三部门关于推动和保障管理人在破产程序中依法履职 进一步优化营商环境的意见**
>
> 2021 年 2 月 25 日　发改财金规〔2021〕274 号
>
> 五、便利破产企业涉税事务处理
>
> ……
>
> （十五）落实重整与和解中的所得税税前扣除政策。对于破产企业根据资产处置结果，人民法院裁定批准……的重整计划……确定或形成的资产损失，依照税法规定进行资产损失扣除。……

第 102 集
破产重整企业以原材料抵偿债务形成的资产损失应如何计算确定？

承第 101 集案例。

提问：林老师，T 公司以原材料抵偿债务形成的资产损失应如何计算确定？

林老师解答

T 公司以原材料抵偿债务形成的资产损失计算如下：

资产损失 = 650 − 300
　　　　 = 350（万元）

> **政策依据**
>
> **财政部　国家税务总局**
> **关于企业重组业务企业所得税处理若干问题的通知**
>
> 2009年4月30日　财税〔2009〕59号
>
> 四、企业重组，除符合本通知规定适用特殊性税务处理规定的外，按以下规定进行税务处理：
>
> ……
>
> （二）企业债务重组，相关交易应按以下规定处理：
>
> 1.以非货币资产清偿债务，应当分解为转让相关非货币性资产、按非货币性资产公允价值清偿债务两项业务，确认相关资产的所得或损失。

第七章　破产和解

第一节　破产和解的一般性税务处理

第 103 集

破产和解企业无须清偿的债务，需要确认为债务重组收入吗？

2022年8月，债务人企业A公司在甲市人民法院受理破产申请后、宣告其破产前，向甲市人民法院申请和解。

2022年9月，甲市人民法院裁定A公司和解。

2022年11月，A公司债权人会议表决通过和解协议。甲市人民法院于当月裁定认可A公司和解协议并终止和解程序。

按照和解协议规定的条件，A公司于2022年11月以其名下的一栋厂房抵偿债务，该债务的计税基础为7300万元，该栋厂房的公允价值为1500万元（不含增值税）。A公司以该栋厂房抵偿债务发生的相关税费为14.3万元（不含增值税）。A公司对未被清偿的债务不再承担清偿责任。

A公司债务重组适用一般性税务处理规定。

提问：林老师，A公司无须清偿的债务，在计算缴纳企业所得税时，需要确认为债务重组收入吗？

林老师解答

需要。

知识链接

债务重组的当事各方是指哪几方？

根据《国家税务总局关于企业重组业务企业所得税征收管理若干问题的公告》（国家税务总局公告2015年第48号）第一条的规定，债务重组中当事各方，指债务人、债权人。

第104集

破产和解企业无须清偿的债务，应于何时确认债务重组收入？

扫码看视频

承第103集案例。

提问：林老师，A公司无须清偿的债务，在计算缴纳企业所得税时，应于何时确认债务重组收入？

林老师解答

A公司应于2022年11月确认债务重组收入。

政策依据

国家税务总局关于企业重组业务企业所得税征收管理若干问题的公告

2015年6月24日　国家税务总局公告2015年第48号

三、……

第七章 破产和解

企业重组日的确定，按以下规定处理：

1. 债务重组，以债务重组合同（协议）或法院裁定书生效日为重组日。

划重点　消痛点

根据国家税务总局公告2015年第48号第三条的规定，除本案例中的债务重组以债务重组合同（协议）或法院裁定书生效日为重组日外，企业重组日的确定，应按以下规定处理：

1. 股权收购，以转让合同（协议）生效且完成股权变更手续日为重组日。关联企业之间发生股权收购，转让合同（协议）生效后12个月内尚未完成股权变更手续的，应以转让合同（协议）生效日为重组日。

2. 资产收购，以转让合同（协议）生效且当事各方已进行会计处理的日期为重组日。

3. 合并，以合并合同（协议）生效、当事各方已进行会计处理且完成工商新设登记或变更登记日为重组日。按规定不需要办理工商新设或变更登记的合并，以合并合同（协议）生效且当事各方已进行会计处理的日期为重组日。

4. 分立，以分立合同（协议）生效、当事各方已进行会计处理且完成工商新设登记或变更登记日为重组日。

第 105 集

破产和解企业以厂房清偿债务，其债务重组所得应如何计算确定？

承第 103 集案例。

提问：林老师，A 公司以该栋厂房抵偿债务，在计算缴纳企业所得税时，其债务重组所得应如何计算确定？

林老师解答

A 公司该项债务重组所得计算如下：

债务重组所得 = 7300 − 1500 − 14.3
 = 5785.7（万元）

第 106 集

破产和解企业发生债权转股权，其债务清偿所得应如何计算确定？

B 公司是一家非上市公司。

2022 年 9 月，债务人企业 B 公司在乙市人民法院受理破产申请后、宣告其破产前，向乙市人民法院申请和解。

2022 年 10 月，乙市人民法院裁定 B 公司和解。

2022 年 11 月，B 公司债权人会议表决通过和解协议。乙市人民法院于当月裁定认可 B 公司和解协议并终止和解程序。

第七章 破产和解

按照和解协议规定的条件，债权人 C 公司于 2022 年 12 月将其对 B 公司的债权 7100 万元转为对 B 公司投资入股，该项股权的公允价值为 2000 万元。

B 公司发生债权转股权，支付的相关税费为 0.5 万元。B 公司对未被清偿的债务不再承担清偿责任。

B 公司债务重组适用一般性税务处理规定，其对 C 公司负债的计税基础为 7100 万元。

提问：林老师，B 公司发生债权转股权，在计算缴纳企业所得税时，其债务清偿所得应如何计算确定？

林老师解答

B 公司该项债务清偿所得计算如下：

债务清偿所得 = 7100 − 2000 − 0.5
　　　　　＝ 5099.5（万元）

第 107 集　破产和解企业以普通股清偿债务，其债务清偿所得应如何计算确定？

扫码看视频

D 公司是一家境内上市公司。

2022 年 9 月，D 公司在丙市人民法院受理破产申请后、宣告其破产前，向丙市人民法院申请和解。

2022 年 10 月，丙市人民法院裁定 D 公司和解。

2022 年 11 月，D 公司债权人会议表决通过和解协议。丙市人民法院于当月裁定认可 D 公司和解协议并终止和解程序。

按照和解协议规定的条件，D公司于2022年12月以本公司160万股普通股抵偿债务，该债务的计税基础为7900万元，该普通股的公允价值为1500万元。D公司以普通股抵偿债务发生的税费为1.8万元。D公司对未被清偿的债务不再承担清偿责任。

D公司债务重组适用一般性税务处理规定。

提问： 林老师，D公司以普通股抵偿债务，在计算缴纳企业所得税时，其债务清偿所得应如何计算确定？

林老师解答

D公司该项债务清偿所得计算如下：

债务清偿所得 = 7900 − 1500 − 1.8
　　　　　　 = 6398.2（万元）

第108集

破产和解企业以现金清偿债务，其债务重组所得应如何计算确定？

2022年9月，债务人企业E公司在丁市人民法院受理破产申请后、宣告其破产前，向丁市人民法院申请和解。

2022年10月，丁市人民法院裁定E公司和解。

2022年11月，E公司债权人会议表决通过和解协议。丁市人民法院于当月裁定认可E公司和解协议并终止和解程序。

按照和解协议规定的条件，E公司于2022年12月以现金200万元清偿债务，该债务的计税基础为2700万元。E公司以现金清偿债务发生的税费为零。E公司对未被清偿的债务不再承担清偿责任。

E公司债务重组适用一般性税务处理规定。

提问：林老师，E公司以现金清偿债务，在计算缴纳企业所得税时，其债务重组所得应如何计算确定？

林老师解答

E公司该项债务重组所得计算如下：

债务重组所得＝债务计税基础－支付的债务清偿额

＝2700－200

＝2500（万元）

第二节　破产和解的特殊性税务处理

第 109 集

破产和解企业适用特殊性税务处理规定，其债务重组确认的应纳税所得额可以分期计入各年度的应纳税所得额吗？

F 公司是一家境内上市公司。

2022 年 8 月，F 公司在甲市人民法院受理破产申请后、宣告其破产前，向甲市人民法院申请和解。

2022 年 9 月，甲市人民法院裁定 F 公司和解。

2022 年 10 月，F 公司债权人会议表决通过和解协议。甲市人民法院于当月裁定认可 F 公司和解协议并终止和解程序。

按照和解协议规定的条件，F 公司于 2022 年 11 月先以现金方式一次性全额清偿职工债权和税款债权；再按如下方式清偿普通债权：（1）每家普通债权人 100 万元以下（含 100 万元）的债权部分，由 F 公司以现金方式清偿，清偿比例为 10%；（2）每家普通债权人超过 100 万元以上的债权部分，以 F 公司普通股抵偿，该普通股的公允价值低于被抵偿债务的计税基础。F 公司对未被清偿的债务不再承担清偿责任。

F 公司债务重组适用特殊性税务处理规定，债务重组确认的应纳税所得额占其当年应纳税所得额 50% 以上。

提问：林老师，F 公司债务重组确认的应纳税所得额可以在 5 个纳税年度的期间内，均匀计入各年度的应纳税所得额吗？

第七章 破产和解

林老师解答

可以。

划重点 消痛点

根据《国家税务总局关于企业重组业务企业所得税征收管理若干问题的公告》（国家税务总局公告2015年第48号）第六条的规定，F公司重组业务适用特殊性税务处理，在企业所得税申报时，当事各方还应向主管税务机关提交重组前连续12个月内有无与该重组相关的其他股权、资产交易情况的说明，并说明这些交易与该重组是否构成分步交易，是否作为一项企业重组业务进行处理。

本案例中，假定F公司在重组发生前后连续12个月内分步对其资产进行交易，则根据《财政部 国家税务总局关于企业重组业务企业所得税处理若干问题的通知》（财税〔2009〕59号）第十条的规定，F公司应根据实质重于形式原则将上述交易作为一项企业重组交易进行处理。

本案例中，再假定F公司同一项重组业务涉及在连续12个月内分步交易，且跨两个纳税年度，则根据国家税务总局公告2015年第48号第七条的规定，当事各方在首个纳税年度交易完成时预计整个交易符合特殊性税务处理条件，经协商一致选择特殊性税务处理的，可以暂时适用特殊性税务处理，并在当年企业所得税年度申报时提交书面申报资料。在下一纳税年度全部交易完成后，企业应判断是否适用特殊性税务处理。如适用特殊性税务处理的，当事各方应按本公告要求申报相关资料；如适用一般性税务处理的，应调整相应纳税年度的企业所得税年度申报表，计算缴纳企业所得税。

第 110 集 适用特殊性税务处理规定的破产和解企业以普通股抵偿债务，需要确认债务清偿所得吗？

承第 109 集案例。

提问：林老师，F 公司以普通股抵偿债务，需要确认债务清偿所得吗？

林老师解答

不需要。

划重点 消痛点

根据《国家税务总局关于企业重组业务企业所得税征收管理若干问题的公告》（国家税务总局公告 2015 年第 48 号）第八条的规定，本案例中 F 公司债务重组确认的应纳税所得额分 5 个纳税年度均匀计入各年度的应纳税所得额，F 公司应准确记录应予确认的债务重组所得，并在相应年度的企业所得税汇算清缴时对当年确认额及分年结转额的情况做出说明。

第三节　破产和解形成的资产损失

第 111 集
破产和解企业以产成品抵偿债务形成的资产损失，可以在企业所得税税前扣除吗？

扫码看视频

2022 年 8 月，债务人企业 G 公司在乙市人民法院受理破产申请后、宣告其破产前，向乙市人民法院申请和解。

2022 年 9 月，乙市人民法院裁定 G 公司和解。

2022 年 10 月，G 公司债权人会议表决通过和解协议。乙市人民法院于当月裁定认可 G 公司和解协议并终止和解程序。

按照和解协议规定的条件，G 公司于 2022 年 11 月以一批产成品抵偿债务，该批产成品的公允价值为 200 万元（不含增值税）、计税基础为 500 万元（不含增值税）。

G 公司属于增值税一般纳税人，不属于小型微利企业。2022 年 11 月，G 公司除以产成品清偿债务外，未发生其他购销业务，其上期留抵税额大于按抵偿债务产成品的公允价值计算的销项税额。G 公司以产成品抵偿债务发生的其他相关税费为零。

G 公司债务重组适用一般性税务处理规定。

提问：林老师，G 公司以产成品抵偿债务形成的资产损失，可以在企业所得税税前扣除吗？

林老师解答

可以。

溪发说税之企业破产涉税事项篇

> **TAX 政策依据**
>
> **国家发展改革委等十三部门关于推动和保障管理人在破产程序中依法履职　进一步优化营商环境的意见**
>
> 2021 年 2 月 25 日　发改财金规〔2021〕274 号
>
> 五、便利破产企业涉税事务处理
>
> ……
>
> （十五）落实重整与和解中的所得税税前扣除政策。对于破产企业根据资产处置结果，人民法院裁定……认可的……和解协议确定或形成的资产损失，依照税法规定进行资产损失扣除。……

第 112 集　破产和解企业以产成品抵偿债务形成的资产损失应如何计算确定？

承第 111 集案例。

提问：林老师，G 公司以产成品抵偿债务形成的资产损失应如何计算确定？

林老师解答

G 公司以产成品抵偿债务形成的资产损失计算如下：

资产损失 = 500 - 200
　　　　 = 300（万元）

第八章　破产企业纳税信用修复

第一节　破产企业申请纳税信用修复

第 113 集

破产重整企业全额清偿税款债权后，可以向税务机关提出纳税信用修复申请吗？

2021 年 1 月，A 公司因在规定期限内未按主管税务机关处理结论缴纳税款、滞纳金和罚款，其纳税信用被直接判为 D 级。

2022 年 7 月，乙市人民法院裁定受理债权人 B 公司申请 A 公司破产重整一案，并指定 C 会计师事务所担任该案管理人。

2022 年 12 月，乙市人民法院裁定批准《A 公司重整计划》。

按照《A 公司重整计划》，A 公司于当月以现金方式一次性全额清偿税款债权。

提问： 林老师，A 公司全额清偿税款债权后，可以向税务机关提出纳税信用修复申请吗？

林老师解答

可以。

> **TAX 政策依据**
>
> **国家发展改革委等十三部门关于推动和保障管理人**
> **在破产程序中依法履职 进一步优化营商环境的意见**
>
> 2021年2月25日 发改财金规〔2021〕274号
>
> 五、便利破产企业涉税事务处理
>
> ……
>
> （十四）支持企业纳税信用修复。重整……程序中，税务机关依法受偿后，管理人或破产企业可以向税务机关提出纳税信用修复申请……
>
> **国家税务总局关于发布**
> **《纳税信用管理办法（试行）》的公告**
>
> 2014年7月4日 国家税务总局公告2014年第40号
>
> 第二十条 有下列情形之一的纳税人，本评价年度直接判为D级：
>
> ……
>
> （三）在规定期限内未按税务机关处理结论缴纳或者足额缴纳税款、滞纳金和罚款的；
>
> ……
>
> 第三十四条 本办法自2014年10月1日起施行。……

知识链接

纳税信用管理级别

根据《纳税信用管理办法（试行）》（国家税务总局公告2014年第40号）第十八条的规定，纳税信用级别设A、B、C、D四级。

根据《国家税务总局关于纳税信用评价有关事项的公告》（国家税

第八章 破产企业纳税信用修复

务总局公告 2018 年第 8 号）第三条的规定，增设 M 级纳税信用级别，纳税信用级别由 A、B、C、D 四级变更为 A、B、M、C、D 五级。

第 114 集
破产重整企业全额清偿税款债权后提出纳税信用修复申请，税务机关可以根据人民法院出具的批准重整计划的裁定书评价其纳税信用级别吗？

承第 113 集案例。

提问： 林老师，A 公司全额清偿税款债权后提出纳税信用修复申请，税务机关可以根据人民法院出具的批准重整计划的裁定书评价其纳税信用级别吗？

林老师解答

可以。

TAX 政策依据

国家发展改革委等十三部门关于推动和保障管理人在破产程序中依法履职 进一步优化营商环境的意见

2021 年 2 月 25 日　发改财金规〔2021〕274 号

五、便利破产企业涉税事务处理

……

（十四）支持企业纳税信用修复。重整……程序中，税务机关依法受偿后，管理人或破产企业可以向税务机关提出纳税信用修复申请，税务机关根据人民法院出具的批准重整计划……的裁定书评价其纳税信用级别。……

> 知识链接

1. 什么是纳税信用管理？

根据《纳税信用管理办法（试行）》（国家税务总局公告2014年第40号）第二条的规定，纳税信用管理，是指税务机关对纳税人的纳税信用信息开展的采集、评价、确定、发布和应用等活动。

2. 什么是纳税信用信息采集？

根据《纳税信用管理办法（试行）》第九条的规定，纳税信用信息采集是指税务机关对纳税人纳税信用信息的记录和收集。

3. 纳税信用如何评价？

根据《纳税信用管理办法（试行）》第十五条第一款的规定，纳税信用评价采取年度评价指标得分和直接判级方式。评价指标包括税务内部信息和外部评价信息。

4. 纳税信用评价结果的确定和发布遵循哪些原则？

根据《纳税信用管理办法（试行）》第二十二条的规定，纳税信用评价结果的确定和发布遵循谁评价、谁确定、谁发布的原则。

5. 如何应用纳税信用评价结果？

根据《纳税信用管理办法（试行）》第二十八条的规定，税务机关按照守信激励、失信惩戒的原则，对不同信用级别的纳税人实施分类服务和管理。

《纳税信用管理办法（试行）》第二十九条规定，对纳税信用评价为A级的纳税人，税务机关予以下列激励措施：（1）主动向社会公告年度A级纳税人名单；（2）一般纳税人可单次领取3个月的增值税发票用量，需要调整增值税发票用量时即时办理；（3）普通发票按需领用；（4）连续3年被评为A级信用级别（简称3连A）的纳税人，除享受以上措施外，还可以由税务机关提供绿色通道或专门人员帮助办理涉税事项；（5）税务机关与相关部门实施的联合激励措施，以及结合当地实际情况采取的其他激励措施。

《纳税信用管理办法（试行）》第三十条规定，对纳税信用评价为B级的纳税人，税务机关实施正常管理，适时进行税收政策和管理规定的辅导，并视信用评价状态变化趋势选择性地提供《纳税信用管理办法（试行）》第二十九条的激励措施。

《纳税信用管理办法（试行）》第三十一条规定，对纳税信用评价为C级的纳税人，税务机关应依法从严管理，并视信用评价状态变化趋势选择性地采取《纳税信用管理办法（试行）》第三十二条的管理措施。

《纳税信用管理办法（试行）》第三十二条规定，对纳税信用评价为D级的纳税人，税务机关应采取以下措施：（1）按照该办法第二十七条的规定，公开D级纳税人及其直接责任人员名单，对直接责任人员注册登记或者负责经营的其他纳税人纳税信用直接判为D级；（2）增值税专用发票领用按辅导期一般纳税人政策办理，普通发票的领用实行交（验）旧供新、严格限量供应；（3）加强出口退税审核；

(4) 加强纳税评估，严格审核其报送的各种资料；(5) 列入重点监控对象，提高监督检查频次，发现税收违法违规行为的，不得适用规定处罚幅度内的最低标准；(6) 将纳税信用评价结果通报相关部门，建议在经营、投融资、取得政府供应土地、进出口、出入境、注册新公司、工程招投标、政府采购、获得荣誉、安全许可、生产许可、从业任职资格、资质审核等方面予以限制或禁止；(7) 税务机关与相关部门实施的联合惩戒措施，以及结合实际情况依法采取的其他严格管理措施。

根据《国家税务总局关于纳税信用管理有关事项的公告》（国家税务总局公告2020年第15号）第三条规定，自开展2019年度评价时起，调整税务机关对D级纳税人采取的信用管理措施。对于因评价指标得分评为D级的纳税人，次年由直接保留D级评价调整为评价时加扣11分；税务机关应按照该条前述规定在2020年11月30日前调整其2019年度纳税信用级别，2019年度以前的纳税信用级别不作追溯调整。对于因直接判级评为D级的纳税人，维持D级评价保留2年，第3年纳税信用不得评价为A级。

第115集

破产和解企业全额清偿税款债权后，可以向税务机关提出纳税信用修复申请吗？

2021年2月，E公司因生产经营活动由D级纳税人的直接责任人员负责，其纳税信用级别被主管税务机关直接判为D级。

2022年7月，E公司在丙市人民法院受理破产申请后、宣告其破产前，向丙市人民法院申请和解。

2022年8月，丙市人民法院裁定E公司和解。

2022年10月，E公司债权人会议表决通过和解协议。丙市

第八章 破产企业纳税信用修复

人民法院于当月裁定认可 E 公司和解协议并终止和解程序。

按照和解协议规定的条件，E 公司于 2022 年 11 月以现金方式一次性全额清偿税款债权。

提问：林老师，E 公司全额清偿税款债权后，可以向税务机关提出纳税信用修复申请吗？

林老师解答

可以。

政策依据

国家发展改革委等十三部门关于推动和保障管理人在破产程序中依法履职 进一步优化营商环境的意见

2021 年 2 月 25 日　发改财金规〔2021〕274 号

五、便利破产企业涉税事务处理

……

（十四）支持企业纳税信用修复。……和解程序中，税务机关依法受偿后，管理人或破产企业可以向税务机关提出纳税信用修复申请……

国家税务总局关于发布《纳税信用管理办法（试行）》的公告

2014 年 7 月 4 日　国家税务总局公告 2014 年第 40 号

第二十条　有下列情形之一的纳税人，本评价年度直接判为 D 级：

……

（九）由 D 级纳税人的直接责任人员……负责经营的；

溪发说税之 企业破产涉税事项篇

扫码看视频

第 116 集
破产和解企业全额清偿税款债权后申请修复纳税信用，税务机关可以根据人民法院出具的认可和解协议的裁定书评价其纳税信用级别吗？

承第 115 集案例。

提问：林老师，E 公司全额清偿税款债权后申请修复纳税信用，税务机关可以根据丙市人民法院出具的认可和解协议的裁定书评价其纳税信用级别吗？

林老师解答

可以。

TAX 政策依据

国家发展改革委等十三部门关于推动和保障管理人在破产程序中依法履职　进一步优化营商环境的意见

2021 年 2 月 25 日　发改财金规〔2021〕274 号

五、便利破产企业涉税事务处理

……

（十四）支持企业纳税信用修复。……和解程序中，税务机关依法受偿后，管理人或破产企业可以向税务机关提出纳税信用修复申请，税务机关根据人民法院出具的……认可和解协议的裁定书评价其纳税信用级别。……

第二节　破产企业纳税信用修复完成后的管理服务措施

第 117 集
破产和解企业纳税信用修复完成后，可以按照修复后的纳税信用级别适用相应的税收政策和管理服务措施吗？

扫码看视频

承第 115 集案例。

提问：林老师，E 公司纳税信用修复完成后，可以按照修复后的纳税信用级别适用相应的税收政策和管理服务措施吗？

林老师解答

可以。

TAX 政策依据

国家税务总局关于纳税信用修复有关事项的公告

2019 年 11 月 7 日　国家税务总局公告 2019 年第 37 号

五、纳税信用修复完成后，纳税人按照修复后的纳税信用级别适用相应的税收政策和管理服务措施，之前已适用的税收政策和管理服务措施不作追溯调整。

六、本公告自 2020 年 1 月 1 日起施行。

溪发说税之企业破产涉税事项篇

第 118 集
破产重整企业全额清偿税款债权后，可以向税务机关申请提前停止公布失信信息吗？

扫码看视频

2022 年 2 月，F 公司因骗取国家出口退税款，被主管税务机关确定为重大税收违法失信主体并向社会公布。

2022 年 7 月，丁市人民法院裁定受理债权人 G 公司申请 F 公司破产重整一案，并指定 H 律师事务所担任该案管理人。

2022 年 12 月，丁市人民法院裁定批准《F 公司重整计划》。

按照《F 公司重整计划》，F 公司于 2022 年 12 月以现金方式一次性全额清偿税款债权。

提问：林老师，F 公司全额清偿税款债权后，可以向作出确定失信主体决定的税务机关申请提前停止公布失信信息吗？

林老师解答

可以。

TAX 政策依据

国家发展改革委等十三部门关于推动和保障管理人在破产程序中依法履职　进一步优化营商环境的意见

2021 年 2 月 25 日　发改财金规〔2021〕274 号

五、便利破产企业涉税事务处理

……

（十四）……已被公布重大税收违法失信案件信息的上述破产企业，经税务机关确认后，停止公布并从公告栏中撤出，并将相关情况及

第八章　破产企业纳税信用修复

时通知实施联合惩戒和管理的部门。……

重大税收违法失信主体信息公布管理办法

2021年12月31日　国家税务总局令第54号

第六条　本办法所称"重大税收违法失信主体"（以下简称失信主体）是指有下列情形之一的纳税人……（以下简称当事人）：

……

（三）骗取国家出口退税款的；

……

第十八条　失信信息公布期间，符合下列条件之一的，失信主体……可以向作出确定失信主体决定的税务机关申请提前停止公布失信信息：

……

（二）失信主体破产，人民法院出具批准重整计划……的裁定书，税务机关依法受偿的；

……

第二十七条　本办法自2022年2月1日起施行。……

第119集
破产和解企业全额清偿税款债权后，可以向税务机关申请提前停止公布失信信息吗？

扫码看视频

2022年2月，J公司因虚开增值税专用发票，被主管税务机关确定为重大税收违法失信主体并向社会公布。

2022年8月，J公司在甲市人民法院受理破产申请后、宣告其破产前，向甲市人民法院申请和解。

2022年9月，甲市人民法院裁定J公司和解。

2022年10月，J公司债权人会议表决通过和解协议。甲市人民法院于2022年11月裁定认可J公司和解协议并终止和解程序。

按照和解协议规定的条件，J公司于2022年12月以现金方式一次性全额清偿税款债权。

提问：林老师，J公司全额清偿税款债权后，可以向作出确定失信主体决定的税务机关申请提前停止公布失信信息吗？

林老师解答

可以。

政策依据

重大税收违法失信主体信息公布管理办法

2021年12月31日　国家税务总局令第54号

第六条　本办法所称"重大税收违法失信主体"（以下简称失信主体）是指有下列情形之一的纳税人……（以下简称当事人）：

……

（五）虚开增值税专用发票……

第十八条　失信信息公布期间，符合下列条件之一的，失信主体……可以向作出确定失信主体决定的税务机关申请提前停止公布失信信息：

……

（二）失信主体破产，人民法院出具……认可和解协议的裁定书，税务机关依法受偿的；

……

第八章 破产企业纳税信用修复

> **划重点　消痛点**

根据《重大税收违法失信主体信息公布管理办法》第六条的规定，重大税收违法失信主体除第 118 集及本集案例例举的纳税人外，还包括有下列情形之一的纳税人：

1. 伪造、变造、隐匿、擅自销毁账簿、记账凭证，或者在账簿上多列支出或者不列、少列收入，或者经税务机关通知申报而拒不申报或者进行虚假的纳税申报，不缴或者少缴应纳税款 100 万元以上，且任一年度不缴或者少缴应纳税款占当年各税种应纳税总额 10% 以上的，或者采取前述手段，不缴或者少缴已扣、已收税款，数额在 100 万元以上的；

2. 欠缴应纳税款，采取转移或者隐匿财产的手段，妨碍税务机关追缴欠缴的税款，欠缴税款金额 100 万元以上的；

3. 以暴力、威胁方法拒不缴纳税款的；

4. 虚开用于骗取出口退税、抵扣税款的其他发票的；

5. 虚开增值税普通发票 100 份以上或者金额 400 万元以上的；

6. 私自印制、伪造、变造发票，非法制造发票防伪专用品，伪造发票监制章的；

7. 具有偷税、逃避追缴欠税、骗取出口退税、抗税、虚开发票等行为，在稽查案件执行完毕前，不履行税收义务并脱离税务机关监管，经税务机关检查确认走逃（失联）的；

8. 为纳税人、扣缴义务人非法提供银行账户、发票、证明或者其他方便，导致未缴、少缴税款 100 万元以上或者骗取国家出口退税款的；

9. 税务代理人违反税收法律、行政法规造成纳税人未缴或者少缴税款 100 万元以上的；

10. 其他性质恶劣、情节严重、社会危害性较大的税收违法行为。

第九章　破产企业税收优惠

第一节　破产企业增值税优惠

第 120 集
属于小规模纳税人的破产企业拍卖转让产成品开具免税普通发票，其取得的收入可以免征增值税吗？

2022 年 9 月，乙市人民法院裁定受理债权人 E 公司申请 F 公司破产清算一案，并指定 G 律师事务所担任该案管理人。

2022 年 11 月，管理人根据 F 公司破产清算案第一次债权人会议通过的《破产财产变价方案》，在破产拍卖平台对 F 公司的一批产成品进行网上公开拍卖。《竞买公告》和《竞买须知》规定，拍卖转让该批产成品所产生的税费由买卖双方按照税收法规等规定各自缴纳。

2022 年 12 月，买受人 H 公司通过公开竞价竞得上述拍卖标的物，成交价为 9 万元。H 公司于当月与 F 公司管理人签署了《拍卖成交确认书》，该《拍卖成交确认书》确认的成交价为 9 万元。

当月，F 公司就拍卖转让的该批产成品开具免税普通发票给 H 公司。

F 公司属于增值税小规模纳税人，增值税按季申报。2022 年第四季度，F 公司除拍卖转让该批产成品外，未发生其他购销业务。

提问：林老师，F 公司拍卖转让该批产成品取得的收入，可以免征增值税吗？

第九章 破产企业税收优惠

林老师解答

可以。

TAX 政策依据

财政部　税务总局
关于对增值税小规模纳税人免征增值税的公告

2022年3月24日　财政部　税务总局公告2022年第15号

自2022年4月1日至2022年12月31日，增值税小规模纳税人适用3%征收率的应税销售收入，免征增值税；……

国家税务总局关于小规模纳税人免征增值税等
征收管理事项的公告

2022年3月24日　国家税务总局公告2022年第6号

一、增值税小规模纳税人适用3%征收率应税销售收入免征增值税的，应按规定开具免税普通发票。……

六、本公告自2022年4月1日起施行。

划重点　消痛点

根据《财政部　税务总局关于明确增值税小规模纳税人减免增值税等政策的公告》（财政部　税务总局公告2023年第1号）第一条、《国家税务总局关于增值税小规模纳税人减免增值税等政策有关征管事项的公告》（国家税务总局公告2023年第1号）第一条的规定，自2023年1月1日至2023年12月31日，增值税小规模纳税人发生增值税应税销售行为，合计月销售未超过10万元（以1个季度为1个纳税期的，季度销售额未超过30

万元，下同）的，免征增值税。

根据财政部、税务总局公告 2023 年第 1 号第二条的规定，自 2023 年 1 月 1 日至 2023 年 12 月 31 日，增值税小规模纳税人适用 3% 征收率的应税销售收入，减按 1% 征收率征收增值税。

第 121 集 破产重整企业在资产重组过程中涉及的货物转让，需要缴纳增值税吗？

2022 年 3 月，甲县人民法院裁定受理债权人 B 公司申请 A 公司破产重整一案，并指定 C 律师事务所担任该案管理人。

2022 年 9 月，甲县人民法院裁定批准《A 公司重整计划》。

按照《A 公司重整计划》，A 公司于 2022 年 12 月与重组方 D 公司进行合并，合并后 A 公司解散，原 A 公司、D 公司的投资主体存续。A 公司和 D 公司均为工业企业，合并后的 D 公司仍属于工业企业。

在上述资产重组过程中，A 公司通过公司合并方式，将全部实物资产以及与其相关联的债权、负债和劳动力一并转让给 D 公司，其中涉及货物、不动产、土地使用权转让。

提问：林老师，A 公司在资产重组过程中涉及的货物转让，需要缴纳增值税吗？

林老师解答

不需要。

第九章 破产企业税收优惠

政策依据

国家税务总局关于纳税人资产重组有关增值税问题的公告

2011年2月18日　国家税务总局公告2011年第13号

纳税人在资产重组过程中，通过合并……等方式，将全部……实物资产以及与其相关联的债权、负债和劳动力一并转让给其他单位和个人，不属于增值税的征税范围，其中涉及的货物转让，不征收增值税。

本公告自2011年3月1日起执行。……

划重点　消痛点

根据国家税务总局公告2011年第13号的规定，对破产企业在资产重组过程中涉及的货物转让不征收增值税的情形，除本案例例举的情形外，还包括通过分立、出售、置换等方式，将全部或者部分实物资产以及与其相关联的债权、负债和劳动力一并转让给其他单位和个人。

第122集
破产重整企业在资产重组过程中涉及的不动产、土地使用权转让，需要缴纳增值税吗？

扫码看视频

承第121集案例。

提问：林老师，A公司在资产重组过程中涉及的不动产、土地使用权转让，需要缴纳增值税吗？

溪发说税之企业破产涉税事项篇

> **林老师解答**
>
> 不需要。
>
> 🆃🅰🆇 政策依据
>
> **财政部　国家税务总局**
> **关于全面推开营业税改征增值税试点的通知**
>
> 2016 年 3 月 23 日　财税〔2016〕36 号
>
> 附件2：
>
> 营业税改征增值税试点有关事项的规定
>
> 一、营改增试点期间，试点纳税人［指按照《营业税改征增值税试点实施办法》（以下称《试点实施办法》）缴纳增值税的纳税人］有关政策
>
> ……
>
> （二）不征收增值税项目。
>
> ……
>
> 5.在资产重组过程中，通过合并……等方式，将全部……实物资产以及与其相关联的债权、负债和劳动力一并转让给其他单位和个人，其中涉及的不动产、土地使用权转让行为。

划重点　消痛点

根据《营业税改征增值税试点有关事项的规定》第一条第（二）项第5点的规定，对破产企业在资产重组过程中涉及的不动产、土地使用权转让行为不征收增值税的情形，除本案例例举的情形外，还包括通过分立、出售、置换等方式，将全部或者部分实物资产以及与其相关联的债权、负债和劳动力一并转让给其他单位和个人。

第二节　破产企业土地增值税优惠

第 123 集

破产重整企业在合并过程中涉及的
房地产权属转移，需要缴纳土地增值税吗？

扫码看视频

承第 121 集案例。

提问：林老师，A 公司因公司合并，将不动产、土地使用权转移到 D 公司，需要缴纳土地增值税吗？

林老师解答

不需要。

TAX 政策依据

财政部　税务总局关于继续实施
企业改制重组有关土地增值税政策的公告

2021 年 5 月 31 日　财政部　税务总局公告 2021 年第 21 号

二、按照法律规定或者合同约定，两个或两个以上企业合并为一个企业，且原企业投资主体存续的，对原企业将房地产转移、变更到合并后的企业，暂不征土地增值税。

……

八、本公告所称……投资主体存续，是指原企业出资人必须存在于改制重组后的企业，出资人的出资比例可以发生变动。

……

九、本公告执行期限为 2021 年 1 月 1 日至 2023 年 12 月 31 日。……

划重点　消痛点

本案例中，假定合并后，原 A 公司、D 公司的投资主体不存续，则根据财政部、税务总局公告 2021 年第 21 号第二条、第八条的规定，A 公司因公司合并，将不动产、土地使用权转移到 D 公司，需要缴纳土地增值税。

第 124 集

破产重整企业在分立过程中涉及的房地产权属转移，需要缴纳土地增值税吗？

E 公司是一家交通运输企业。

2022 年 4 月，乙县人民法院裁定受理债权人 F 公司申请 E 公司破产重整一案，并指定 G 律师事务所担任该案管理人。

2022 年 9 月，乙县人民法院裁定批准《E 公司重整计划》。

按照《E 公司重整计划》，E 公司于 2022 年 12 月将部分资产分离出去成立 H 公司，E 公司继续存在。H 公司的投资主体与 E 公司的投资主体相同。

分立后的 E 公司、H 公司均为交通运输企业。

在上述资产重组过程中，E 公司通过公司分立方式，将其名下的一栋办公楼转移到分立后的 H 公司。

提问：林老师，E 公司通过公司分立方式，将该栋办公楼转移到分立后的 H 公司，需要缴纳土地增值税吗？

扫码看视频

第九章 破产企业税收优惠

林老师解答

不需要。

TAX 政策依据

财政部　税务总局关于继续实施企业改制重组有关土地增值税政策的公告

2021年5月31日　财政部　税务总局公告2021年第21号

三、按照法律规定或者合同约定，企业分设为两个或两个以上与原企业投资主体相同的企业，对原企业将房地产转移、变更到分立后的企业，暂不征土地增值税。

……

八、本公告所称不改变原企业投资主体、投资主体相同，是指企业改制重组前后出资人不发生变动，出资人的出资比例可以发生变动；……

划重点　消痛点

本案例中，假定分立后，H公司的投资主体与E公司的投资主体不同，则根据财政部、税务总局公告2021年第21号第三条、第八条的规定，E公司通过公司分立方式，将该栋办公楼转移到分立后的H公司，需要缴纳土地增值税。

第三节　破产企业契税优惠

第 125 集

破产重整企业分立，分立后公司承受原公司土地、房屋权属，可以免征契税吗？

承第 124 集案例。

提问：林老师，分立后的 H 公司承受 E 公司土地、房屋权属，可以免征契税吗？

林老师解答

可以。

政策依据

财政部　税务总局关于继续执行企业、事业单位改制重组有关契税政策的公告

2021 年 4 月 26 日　财政部　税务总局公告 2021 年第 17 号

四、公司分立

公司依照法律规定、合同约定分立为两个或两个以上与原公司投资主体相同的公司，对分立后公司承受原公司土地、房屋权属，免征契税。

……

十、有关用语含义

第九章 破产企业税收优惠

本公告所称企业、公司，是指依照我国有关法律法规设立并在中国境内注册的企业、公司。

……

本公告所称投资主体相同，是指公司分立前后出资人不发生变动，出资人的出资比例可以发生变动。

十一、本公告自2021年1月1日起至2023年12月31日执行。……

划重点 消痛点

本案例中，假定分立后，H公司的投资主体与E公司的投资主体不同，则根据财政部、税务总局公告2021年第17号第四条、第十条的规定，分立后的H公司承受E公司土地、房屋权属，不可以免征契税。

第126集

破产重整企业合并，合并后公司承受原合并各方土地、房屋权属，可以免征契税吗？

扫码看视频

J公司不能清偿到期债务，其债权人K公司于2022年2月向丙县人民法院提出对J公司进行重整的申请。

2022年4月，丙县人民法院裁定受理债权人K公司申请J公司破产重整一案，并指定L律师事务所担任该案管理人。

2022年9月，丙县人民法院裁定批准《J公司重整计划》。

按照《J公司重整计划》，J公司于2022年12月与重组方M公司进行合并，合并后J公司解散，原J公司、M公司的投资主体存续。

在上述资产重组过程中，J公司通过公司合并方式将其名下的一栋厂房转移到合并后的M公司。

溪发说税之企业破产涉税事项篇

> 提问：林老师，合并后的 M 公司承受原 J 公司土地、房屋权属，可以免征契税吗？

林老师解答

可以。

政策依据

财政部　税务总局
关于继续执行企业、事业单位改制重组
有关契税政策的公告

2021 年 4 月 26 日　财政部　税务总局公告 2021 年第 17 号

三、公司合并

两个或两个以上的公司，依照法律规定、合同约定，合并为一个公司，且原投资主体存续的，对合并后公司承受原合并各方土地、房屋权属，免征契税。

……

十、有关用语含义

……

本公告所称投资主体存续，是指原改制重组企业、事业单位的出资人必须存在于改制重组后的企业，出资人的出资比例可以发生变动。

划重点　消痛点

本案例中，假定合并后，原 J 公司、M 公司的投资主体未存续，则根据财政部、税务总局公告 2021 年第 17 号第三条、第十条的规定，合并后的 M 公司承受原 J 公司土地、房屋权属，不可以免征契税。

第九章 破产企业税收优惠

第 127 集

债权人承受破产企业抵偿债务的土地、房屋权属，可以免征契税吗？

N 公司是一家破产清算企业。

2022 年 7 月，管理人根据 N 公司破产清算案第一次债权人会议通过的《破产财产变价方案》，依托破产拍卖平台在网上拍卖 N 公司名下的一栋厂房。

经过多次拍卖流拍后，管理人于 2022 年 12 月根据《破产财产变价方案》《破产财产分配方案》，将该栋厂房折价分配给债权人 P 公司清偿债务。

提问：林老师，P 公司承受 N 公司抵偿债务的土地、房屋权属，可以免征契税吗？

林老师解答

可以。

政策依据

财政部　税务总局
关于继续执行企业、事业单位改制重组
有关契税政策的公告

2021 年 4 月 26 日　财政部　税务总局公告 2021 年第 17 号

五、企业破产

企业依照有关法律法规规定实施破产，债权人（包括破产企业职工）承受破产企业抵偿债务的土地、房屋权属，免征契税；……

213

第 128 集

非债权人与原破产企业全部职工签订服务年限不少于 3 年的劳动用工合同，其承受所购破产企业土地、房屋权属，可以免征契税吗？

Q 公司是一家破产清算企业。

2022 年 11 月，管理人根据 Q 公司破产清算案第一次债权人会议通过的《破产财产变价方案》，将 Q 公司名下的一栋厂房转让给非债权人 R 公司；R 公司于当月按照《中华人民共和国劳动法》等国家有关法律法规政策妥善安置原企业全部职工规定，与原 Q 公司全部职工签订服务年限为 4 年的劳动用工合同。

提问：林老师，R 公司承受所购 Q 公司土地、房屋权属，可以免征契税吗？

林老师解答

可以。

政策依据

财政部　税务总局
关于继续执行企业　事业单位改制重组
有关契税政策的公告

2021 年 4 月 26 日　财政部　税务总局公告 2021 年第 17 号

五、企业破产

企业依照有关法律法规规定实施破产，……对非债权人承受破产企业土地、房屋权属，凡按照《中华人民共和国劳动法》等国家有关法律法规政策妥善安置原企业全部职工规定，与原企业全部职工签订服务年

第九章 破产企业税收优惠

限不少于三年的劳动用工合同的，对其承受所购企业土地、房屋权属，免征契税；……

划重点 消痛点

本案例中，假定 R 公司与原 Q 公司全部职工签订劳动用工合同的服务年限为两年，则 R 公司承受所购 Q 公司土地、房屋权属，不可以免征契税。

第 129 集
非债权人与原破产企业 40% 的职工签订服务年限不少于 3 年的劳动用工合同，其承受所购破产企业土地、房屋权属，可以减半征收契税吗？

扫码看视频

S 公司是一家破产清算企业。

2022 年 11 月，管理人根据 S 公司破产清算案第一次债权人会议通过的《破产财产变价方案》，将 S 公司名下的一栋办公楼转让给非债权人 T 公司；T 公司于当月按照《中华人民共和国劳动法》等国家有关法律法规政策妥善安置原企业全部职工规定，与原 S 公司 40% 的职工签订服务年限为 5 年的劳动用工合同。

提问：林老师，T 公司承受所购 S 公司土地、房屋权属，可以减半征收契税吗？

林老师解答

可以。

溪发说税之企业破产涉税事项篇

> **TAX 政策依据**
>
> **财政部　税务总局**
> **关于继续执行企业　事业单位改制重组**
> **有关契税政策的公告**
>
> 2021 年 4 月 26 日　财政部　税务总局公告 2021 年第 17 号
>
> 五、企业破产
>
> 企业依照有关法律法规规定实施破产，……对非债权人承受破产企业土地、房屋权属，凡按照《中华人民共和国劳动法》等国家有关法律法规政策妥善安置原企业全部职工规定，……与原企业超过 30% 的职工签订服务年限不少于三年的劳动用工合同的，减半征收契税。

划重点　消痛点

本案例中，假定 T 公司与原 S 公司 20% 的职工签订服务年限为 5 年的劳动用工合同，则 T 公司承受所购 S 公司土地、房屋权属，不可以减半征收契税。

第四节　破产企业所得税优惠

第 130 集

破产重整企业合并适用特殊性税务处理规定，合并企业接受被合并企业资产和负债的计税基础，可以选择以被合并企业的原有计税基础确定吗？

扫码看视频

2022 年 4 月，丁县人民法院裁定受理债权人 V 公司申请 U 公司破产重整一案，并指定 W 律师事务所担任该案管理人。

2022 年 9 月，丁县人民法院裁定批准《U 公司重整计划》。

按照《U 公司重整计划》，U 公司于 2022 年 12 月与重组方 X 公司进行合并，合并后 U 公司解散。

U 公司与 X 公司合并适用特殊性税务处理规定，U 公司股东在该公司合并发生时取得的股权支付金额占其交易支付总额的 90%。

提问：林老师，X 公司接受 U 公司资产和负债的计税基础，可以选择以 U 公司的原有计税基础确定吗？

林老师解答

可以。

溪发说税之企业破产涉税事项篇

TAX 政策依据

财政部　国家税务总局
关于企业重组业务企业所得税处理若干问题的通知

2009 年 4 月 30 日　财税〔2009〕59 号

六、企业重组符合本通知第五条规定条件的，交易各方对其交易中的股权支付部分，可以按以下规定进行特殊性税务处理：

……

（四）企业合并，企业股东在该企业合并发生时取得的股权支付金额不低于其交易支付总额的 85%，……可以选择按以下规定处理：

1. 合并企业接受被合并企业资产和负债的计税基础，以被合并企业的原有计税基础确定。

划重点　消痛点

本案例中，假定 U 公司与 X 公司合并属于同一控制下且不需要支付对价的企业合并，则根据财税〔2009〕59 号文件第六条第（四）项的规定，X 公司接受 U 公司资产和负债的计税基础，也可以选择以 U 公司的原有计税基础确定。

第 131 集
破产重整企业分立适用特殊性税务处理规定，分立企业接受被分立企业资产和负债的计税基础，可以选择以被分立企业的原有计税基础确定吗？

扫码看视频

2022 年 4 月，甲县人民法院裁定受理债权人 B 公司申请 A 公司破产重整一案，并指定 C 律师事务所担任该案管理人。

第九章 破产企业税收优惠

2022年9月,甲县人民法院裁定批准《A公司重整计划》。

按照《A公司重整计划》,A公司于2022年12月将部分资产分离出去成立D公司,A公司继续存在。

A公司分立适用特殊性税务处理规定。A公司所有股东按原持股比例取得D公司的股权,A公司和D公司均不改变原来的实质经营活动,且A公司股东在该公司分立发生时取得的股权支付金额占其交易支付总额的90%。

提问:林老师,D公司接受A公司资产和负债的计税基础,可以选择以A公司的原有计税基础确定吗?

林老师解答

可以。

政策依据

财政部 国家税务总局
关于企业重组业务企业所得税处理若干问题的通知

2009年4月30日 财税〔2009〕59号

六、企业重组符合本通知第五条规定条件的,交易各方对其交易中的股权支付部分,可以按以下规定进行特殊性税务处理:

……

(五)企业分立,被分立企业所有股东按原持股比例取得分立企业的股权,分立企业和被分立企业均不改变原来的实质经营活动,且被分立企业股东在该企业分立发生时取得的股权支付金额不低于其交易支付总额的85%,可以选择按以下规定处理:

1. 分立企业接受被分立企业资产和负债的计税基础,以被分立企业的原有计税基础确定。

溪发说税之企业破产涉税事项篇

> **划重点　消痛点**

　　本案例中，假定 A 公司股东在该公司分立发生时取得的股权支付金额占其交易支付总额的 60%，则根据财税〔2009〕59 号文件第六条第（五）项的规定，D 公司接受 A 公司资产和负债的计税基础，不可以选择以 A 公司的原有计税基础确定。

第五节　破产企业城市维护建设税、教育费附加及地方教育附加优惠

第 132 集　属于小规模纳税人的破产企业拍卖转让车辆选择放弃免税并开具增值税专用发票，应开具征收率为 3% 的增值税专用发票吗？

2022 年 8 月，丙市人民法院裁定受理债权人 I 公司申请 J 公司破产清算一案，并指定 K 律师事务所担任该案管理人。

2022 年 10 月，管理人根据 J 公司破产清算案第一次债权人会议通过的《破产财产变价方案》，在破产拍卖平台对 J 公司的一辆汽车进行网上公开拍卖。《竞买公告》和《竞买须知》规定，拍卖转让该辆汽车所产生的税费由买卖双方按照税收法规等规定各自缴纳。

2022 年 11 月，买受人 L 公司通过公开竞价竞得上述拍卖标的物，成交价为 12 万元。L 公司于当月与 J 公司管理人签署了《拍卖成交确认书》，该《拍卖成交确认书》确认的成交价为 12 万元。

J 公司就拍卖转让该辆汽车选择放弃免税，并于当月开具增值税专用发票给 L 公司。

J 公司属于增值税小规模纳税人，增值税按季申报。2022 年第四季度，J 公司除拍卖转让该辆汽车外，未发生其他购销业务。

提问：林老师，J 公司拍卖转让该辆汽车取得的收入，应开具征收率为 3% 的增值税专用发票吗？

林老师解答

J公司应开具征收率为3%的增值税专用发票。

TAX 政策依据

国家税务总局关于小规模纳税人免征增值税等征收管理事项的公告

2022年3月24日　国家税务总局公告2022年第6号

一、……纳税人选择放弃免税并开具增值税专用发票的，应开具征收率为3%的增值税专用发票。

……

六、本公告自2022年4月1日起施行。

划重点　消痛点

本案例中，假定J公司自2023年1月拍卖转让成品取得收入32万元，J公司2023年第一季度除拍卖转让该产品外，此外未发生其他购销业务，则根据《国家税务总局关于增值税小规模纳税人减免增值税等政策有关征管事项的公告》（国家税务总局公告2023年第1号）第五条的规定，J公司取得应税销售收入，适用减按1%征收率征收增值税政策，按照1%征收率开具增值税专用发票或增值税普通发票。

第九章 破产企业税收优惠

第 133 集
破产企业属于小规模纳税人，其拍卖转让车辆取得的收入，可以减征城市维护建设税、教育费附加及地方教育附加吗？

承第 132 集案例。

提问：林老师，J 公司拍卖转让该辆汽车取得的收入，可以减征城市维护建设税、教育费附加及地方教育附加吗？

林老师解答

可以。

TAX 政策依据

财政部　税务总局
关于进一步实施小微企业"六税两费"减免政策的公告

2022 年 3 月 1 日　财政部　税务总局公告 2022 年第 10 号

一、由省、自治区、直辖市人民政府根据本地区实际情况，以及宏观调控需要确定，对增值税小规模纳税人……可以在 50% 的税额幅度内减征……城市维护建设税……教育费附加、地方教育附加。

……

四、本公告执行期限为 2022 年 1 月 1 日至 2024 年 12 月 31 日。

第 134 集
破产企业属于小型微利企业，其拍卖转让设备取得的收入，可以减征城市维护建设税、教育费附加及地方教育附加吗？

N 公司于 2010 年 5 月成立，2010 年 6 月 1 日登记为增值税一般纳税人。

2022 年 3 月，N 公司办理了 2021 年度企业所得税汇算清缴申报，汇算清缴结果判定 N 公司属于小型微利企业。

2022 年 6 月，丁市人民法院裁定受理债权人 M 公司申请 N 公司破产清算一案，并指定 P 律师事务所担任该案管理人。

2022 年 9 月，管理人根据 N 公司破产清算案第一次债权人会议通过的《破产财产变价方案》，在破产拍卖平台对 N 公司的一批设备进行网上公开拍卖。《竞买公告》和《竞买须知》规定，拍卖转让该批设备所产生的税费由买卖双方按照税收法规等规定各自缴纳。

2022 年 10 月，买受人 Q 公司通过公开竞价竞得上述拍卖标的物，成交价为 210 万元。Q 公司于当月与 N 公司管理人签署了《拍卖成交确认书》，该《拍卖成交确认书》确认的成交价为 210 万元。

2022 年 10 月，N 公司除拍卖转让该批设备外，未发生其他购销业务，其当月可以抵扣的进项税额、上期留抵税额和上期结转的加计抵减额余额均为零。

提问：林老师，N 公司拍卖转让该批设备取得的收入，可以减征城市维护建设税、教育费附加及地方教育附加吗？

第九章 破产企业税收优惠

林老师解答

可以。

政策依据

财政部 税务总局
关于进一步实施小微企业"六税两费"减免政策的公告

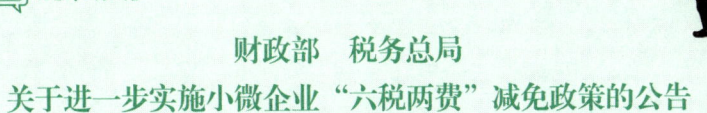

2022年3月1日 财政部 税务总局公告2022年第10号

一、由省、自治区、直辖市人民政府根据本地区实际情况，以及宏观调控需要确定，对……小型微利企业……可以在50%的税额幅度内减征……城市维护建设税、……教育费附加、地方教育附加。

国家税务总局关于进一步实施小微企业
"六税两费"减免政策有关征管问题的公告

2022年3月4日 国家税务总局公告2022年第3号

一、关于小型微利企业"六税两费"减免政策的适用

（一）适用"六税两费"减免政策的小型微利企业的判定以企业所得税年度汇算清缴（以下简称汇算清缴）结果为准。登记为增值税一般纳税人的企业，按规定办理汇算清缴后确定是小型微利企业的，除本条第（二）项规定外，可自办理汇算清缴当年的7月1日至次年6月30日申报享受"六税两费"减免优惠；……

六、其他

（一）本公告执行期限为2022年1月1日至2024年12月31日。……

第六节　破产企业印花税优惠

第 135 集

破产企业属于小型微利企业，其拍卖转让设备取得的收入，可以减征印花税吗？

承第 134 集案例。

提问：林老师，N 公司拍卖转让该批设备取得的收入，可以减征印花税吗？

林老师解答

可以。

TAX 政策依据

财政部　税务总局关于进一步实施小微企业"六税两费"减免政策的公告

2022 年 3 月 1 日　财政部　税务总局公告 2022 年第 10 号

一、由省、自治区、直辖市人民政府根据本地区实际情况，以及宏观调控需要确定，对……小型微利企业……可以在 50% 的税额幅度内减征……印花税（不含证券交易印花税）……

第九章 破产企业税收优惠

> **划重点　消痛点**

本案例中，假定 N 公司属于增值税小规模纳税人，则根据财政部、税务总局公告 2022 年第 10 号第一条的规定，N 公司拍卖转让该批设备取得的收入，也可以减征印花税。

第七节　破产企业资源税优惠

第 136 集
属于小型微利企业的破产企业将煤产品用于清偿债务，可以减征资源税吗？

R公司于2010年6月成立，2010年7月1日登记为增值税一般纳税人。

2022年4月，R公司办理了2021年度企业所得税汇算清缴申报，汇算清缴结果判定R公司属于小型微利企业。

2022年6月，甲市人民法院裁定受理债权人S公司申请R公司破产清算一案，并指定T律师事务所担任该案管理人。

2022年9月，管理人根据R公司破产清算案第一次债权人会议通过的《破产财产变价方案》，依托破产拍卖平台在网上拍卖R公司在境内开采的一批煤产品，该批煤产品属于《中华人民共和国资源税法》所附《资源税税目税率表》中的应税产品。

经过多次拍卖流拍后，管理人于2022年12月根据《破产财产变价方案》《破产财产分配方案》，将该批煤产品折价分配给债权人清偿债务。

提问：林老师，R公司以该批煤产品清偿债务，可以减征资源税吗？

第九章 破产企业税收优惠

林老师解答

可以。

TAX 政策依据

中华人民共和国资源税法

2019年8月26日 中华人民共和国主席令第三十三号

第一条 在中华人民共和国领域和中华人民共和国管辖的其他海域开发应税资源的单位和个人，为资源税的纳税人，应当依照本法规定缴纳资源税。

应税资源的具体范围，由本法所附《资源税税目税率表》（以下称《税目税率表》）确定。

……

第五条 纳税人开采或者生产应税产品自用的，应当依照本法规定缴纳资源税；……

第十七条 本法自2020年9月1日起施行。……

财政部 税务总局关于资源税有关问题执行口径的公告

2020年6月28日 财政部 税务总局公告2020年第34号

二、纳税人自用应税产品应当缴纳资源税的情形，包括纳税人以应税产品用于……偿债……等。

……

十二、本公告自2020年9月1日起施行。……

> **财政部　税务总局关于进一步
> 实施小微企业"六税两费"减免政策的公告**
>
> 2022年3月1日　财政部　税务总局公告2022年第10号
>
> 一、由省、自治区、直辖市人民政府根据本地区实际情况，以及宏观调控需要确定，对……小型微利企业……可以在50%的税额幅度内减征资源税……

划重点　消痛点

本案例中，假定R公司属于增值税小规模纳税人，则根据财政部、税务总局公告2022年第10号第一条的规定，R公司以该批煤产品清偿债务，也可以减征资源税。

第八节　破产企业房产税优惠

第 137 集
破产企业属于小规模纳税人，其名下的商铺可以减征房产税吗？

U 公司于 2010 年 1 月在县城购置一套商铺，其产权登记在 U 公司名下，该套商铺所占用的土地在当地政府划定的城镇土地使用税征税范围内。

2022 年 9 月 1 日，乙市人民法院作出《民事裁定书》，裁定受理债权人 V 公司申请 U 公司破产清算一案。

2022 年 11 月，管理人根据 U 公司破产清算案第一次债权人会议通过的《破产财产变价方案》，依托破产拍卖平台在网上拍卖 U 公司的该套商铺；《竞买公告》和《竞买须知》规定，拍卖转让该套商铺所产生的税费由买卖双方按照税收法规等规定各自缴纳。

2022 年 12 月，买受人 W 公司通过公开竞价竞得上述拍卖标的物，并于当月办妥了该套商铺产权过户手续。

U 公司属于增值税小规模纳税人。

提问：林老师，自人民法院裁定受理破产申请之日至办妥产权过户手续当月月末（即 2022 年 9 月 1 日至 12 月 31 日），U 公司该套商铺可以减征房产税吗？

溪发说税之企业破产涉税事项篇

林老师解答

可以。

TAX 政策依据

**财政部 税务总局关于进一步
实施小微企业"六税两费"减免政策的公告**

2022年3月1日 财政部 税务总局公告2022年第10号

一、由省、自治区、直辖市人民政府根据本地区实际情况，以及宏观调控需要确定，对增值税小规模纳税人……可以在50%的税额幅度内减征……房产税……

划重点 消痛点

根据《中华人民共和国房产税暂行条例》（中华人民共和国国务院令第588号修订）第六条规定，除该暂行条例第五条规定者外，纳税人纳税确有困难的，可由省、自治区、直辖市人民政府确定，定期减征或者免征房产税。

第九节　破产企业城镇土地使用税优惠

第 138 集

破产企业属于小规模纳税人，其名下商铺所占用的土地可以减征城镇土地使用税吗？

扫码看视频

承第 137 集案例。

提问：林老师，自人民法院裁定受理破产申请之日至办妥产权过户手续当月月末（即 2022 年 9 月 1 日至 12 月 31 日），U 公司该套商铺所占用的土地可以减征城镇土地使用税吗？

林老师解答

可以。

政策依据

财政部　税务总局
关于进一步实施小微企业"六税两费"减免政策的公告

2022 年 3 月 1 日　财政部　税务总局公告 2022 年第 10 号

一、由省、自治区、直辖市人民政府根据本地区实际情况，以及宏观调控需要确定，对增值税小规模纳税人……可以在 50% 的税额幅度内减征……城镇土地使用税……

第 139 集
破产企业属于小型微利企业，其名下的土地可以减征城镇土地使用税吗？

X 公司是一家仓储物流企业，其于 2019 年 2 月取得一幅地块的国有土地使用权，该国有土地使用权登记在 X 公司名下，该土地在当地政府划定的城镇土地使用税征税范围内。

X 公司属于增值税一般纳税人；2022 年 5 月，X 公司办理了 2021 年度企业所得税汇算清缴申报，汇算清缴结果判定 X 公司属于小型微利企业。

2022 年 9 月 1 日，丙市人民法院作出《民事裁定书》，裁定受理债权人 Y 公司申请 X 公司破产清算一案。

2022 年 11 月，管理人根据 X 公司破产清算案第一次债权人会议通过的《破产财产变价方案》，依托破产拍卖平台在网上拍卖 X 公司名下的该土地使用权；《竞买公告》和《竞买须知》规定，拍卖转让该土地使用权所产生的税费由买卖双方按照税收法规等规定各自缴纳。

2022 年 12 月，买受人 Z 公司通过公开竞价竞得上述拍卖标的物，并于当月办妥了国有土地使用权过户手续。

提问：林老师，自人民法院裁定受理破产申请之日至办妥产权过户手续当月月末（即 2022 年 9 月 1 日至 12 月 31 日），X 公司的该土地可以减征城镇土地使用税吗？

第九章 破产企业税收优惠

林老师解答

可以。

TAX 政策依据

财政部 税务总局关于进一步
实施小微企业"六税两费"减免政策的公告

2022年3月1日 财政部 税务总局公告2022年第10号

一、由省、自治区、直辖市人民政府根据本地区实际情况，以及宏观调控需要确定，对……小型微利企业……可以在50%的税额幅度内减征……城镇土地使用税……

划重点 消痛点

根据《中华人民共和国城镇土地使用税暂行条例》（中华人民共和国国务院令第709号修订）第七条规定，除该暂行条例第六条规定外，纳税人缴纳城镇土地使用税确有困难需要定期减免的，由县以上税务机关批准。

第十章　破产清算企业注销税务登记

第一节　破产企业清算应纳税所得额的计算

第 140 集

破产企业拍卖转让产成品，其损失应如何计算确定？

2022 年 1 月，甲市人民法院裁定受理债权人 A 公司申请 B 公司破产清算一案，并指定 C 会计师事务所担任该案管理人。

2022 年 3 月，管理人根据 B 公司破产清算案第一次债权人会议通过的《破产财产变价方案》，依托破产拍卖平台在网上拍卖 B 公司的一批产成品；《竞买公告》和《竞买须知》规定，拍卖转让该批产成品所产生的税费由买卖双方按照税收法规等规定各自缴纳。

2022 年 4 月，买受人 D 公司通过公开竞价竞得上述拍卖标的物，成交价为 50000 元。D 公司于当月与管理人签署了《拍卖成交确认书》，该《拍卖成交确认书》确认的成交价为 50000 元。

B 公司属于增值税一般纳税人，不属于小型微利企业。2022 年 4 月，B 公司除拍卖转让该批产成品外，未发生其他购销业务，其当月可以抵扣的进项税额、上期留抵税额和上期结转的加计抵减额余额均为零。

B 公司拍卖转让该批产成品，申报缴纳增值税 5752.21 元、城市维护建设税 402.65 元、教育费附加 172.57 元、地方教育附加 115.04 元、印花税 15 元，除此以外未产生其他税费。该批产成品的计税成本为 90000 元。

第十章 破产清算企业注销税务登记

2022年11月，管理人向甲市人民法院提出申请，称其已依照债权人会议通过并经甲市人民法院裁定认可的《破产财产分配方案》将B公司可供分配的破产财产分配完毕，请求甲市人民法院裁定终结B公司的破产程序。甲市人民法院于当月裁定B公司终结破产程序。

管理人于当月向主管税务机关申请注销B公司税务登记。

提问：林老师，B公司拍卖转让该批产成品的成交价低于计税成本，其损失应如何计算确定？

林老师解答

B公司该批产成品转让损失计算如下：

转让收入 = 成交价 − 增值税销项税额

= 50000 − 5752.21

= 44247.79（元）

转让损失 = 计税成本 + 税金及附加 − 转让收入

= 90000 +（402.65 + 172.57 + 115.04 + 15）− 44247.79

= 46457.47（元）

政策依据

财政部　国家税务总局
关于企业清算业务企业所得税处理若干问题的通知

2009年4月30日　财税〔2009〕60号

三、企业清算的所得税处理包括以下内容：

（一）全部资产均应按可变现价值或交易价格，确认资产转让……损失；

第 141 集

破产企业债务清偿所得应如何计算确定？

2022年1月，乙市人民法院裁定受理债权人E公司申请F公司破产清算一案，并指定G律师事务所担任该案管理人。

2022年10月，管理人依照债权人会议通过并经乙市人民法院裁定认可的F公司《破产财产分配方案》实施破产财产分配，F公司债务清偿金额为41万元，债务的计税基础为510万元。

2022年11月，管理人向乙市人民法院提出申请，称其已依照债权人会议通过并经乙市人民法院裁定认可的《破产财产分配方案》将F公司可供分配的破产财产分配完毕，请求乙市人民法院裁定终结F公司的破产程序。乙市人民法院于当月裁定F公司终结破产程序。

管理人于当月向主管税务机关申请注销F公司税务登记。

提问：林老师，F公司无法全额清偿债务，其债务清偿所得应如何计算确定？

林老师解答

F公司债务清偿所得计算如下：

债务清偿所得 = 计税基础 − 清偿金额
= 510 − 41
= 469（万元）

第十章 破产清算企业注销税务登记

政策依据

财政部　国家税务总局
关于企业清算业务企业所得税处理若干问题的通知

2009年4月30日　财税〔2009〕60号

三、企业清算的所得税处理包括以下内容：

……

（二）确认……债务清偿的所得……

第142集

破产企业清算所得应如何计算确定？

扫码看视频

2022年1月，丙市人民法院裁定受理债权人H公司申请I公司破产清算一案，并指定J清算事务所担任该案管理人。

2022年11月，管理人向丙市人民法院提出申请，称其已依照债权人会议通过并经丙市人民法院裁定认可的《破产财产分配方案》将I公司可供分配的破产财产分配完毕，请求丙市人民法院裁定终结I公司的破产程序。丙市人民法院于当月裁定I公司终结破产程序。

清算期间，I公司的全部资产可变现价值或交易价格为2730万元，资产的计税基础为5920万元、清算费用为150万元、相关税费为40万元，债务清偿所得为3520万元，其他所得或支出、免税收入、不征税收入和其他免税所得均为零，以前年度可弥补亏损为2120万元。

管理人于当月向主管税务机关申请注销I公司税务登记。

提问：林老师，I公司清算所得应如何计算确定？

林老师解答

I 公司清算所得计算如下：

清算所得 = 全部资产可变现价值或交易价格 − 资产的计税基础 − 清算费用 − 相关税费 + 债务清偿损益

= 2730 − 5920 − 150 − 40 + 3520

= 140（万元）

政策依据

财政部　国家税务总局
关于企业清算业务企业所得税处理若干问题的通知

2009 年 4 月 30 日　财税〔2009〕60 号

四、企业的全部资产可变现价值或交易价格，减除资产的计税基础、清算费用、相关税费，加上债务清偿损益等后的余额，为清算所得。

第 143 集

破产企业清算应纳税所得额应如何计算确定？

承第 142 集案例。

提问：林老师，I 公司清算应纳税所得额应如何计算确定？

第十章 破产清算企业注销税务登记

林老师解答

I 公司清算应纳税所得额计算如下：

应纳税所得额

= 清算所得 – 免税收入 – 不征税收入

　– 其他免税所得 – 弥补以前年度亏损

= 140 – 0 – 0 – 0 – 140

= 0

TAX 政策依据

财政部　国家税务总局
关于企业清算业务企业所得税处理若干问题的通知

2009 年 4 月 30 日　财税〔2009〕60 号

三、企业清算的所得税处理包括以下内容：

……

（四）依法弥补亏损，确定清算所得；

国家税务总局关于印发
《中华人民共和国企业清算所得税申报表》的通知

2009 年 7 月 17 日　国税函〔2009〕388 号

为贯彻落实《中华人民共和国企业所得税法》及其实施条例，税务总局制定了企业清算所得税申报表及其附表。

……

溪发说税之企业破产涉税事项篇

附件1

中华人民共和国企业清算所得税申报表

清算期间：　　　年　月　日至　　　年　月　日
纳税人名称：
纳税人识别号：□□□□□□□□□□□□□□□　　金额单位：　元（列至角分）

类别	行次	项目	金额
应纳税所得额计算	1	资产处置损益（填附表一）	
	2	负债清偿损益（填附表二）	
	3	清算费用	
	4	清算税金及附加	
	5	其他所得或支出	
	6	清算所得（1+2-3-4+5）	
	7	免税收入	
	8	不征税收入	
	9	其他免税所得	
	10	弥补以前年度亏损	
	11	应纳税所得额（6-7-8-9-10）	

附件2：

中华人民共和国企业清算所得税申报表填报说明

三、有关项目填报说明

……

（二）行次说明

……

11. 第11行"应纳税所得额"：金额等于本表第6-7-8-9-10行。本行按照上述顺序计算结果为负数，本行金额填零。

划重点　消痛点

本案例中，I公司以前年度可弥补亏损2120万元，清算时实际弥补以前年度亏损140万元。

第二节　破产企业清算所得税申报

第 144 集

破产企业应将整个清算期作为一个独立的纳税年度计算清算所得吗？

承第 142 集案例。

提问：林老师，I 公司应将整个清算期作为一个独立的纳税年度计算清算所得吗？

林老师解答

I 公司应以整个清算期间作为一个纳税年度依法计算清算所得。

TAX 政策依据

中华人民共和国企业所得税法

2018 年 12 月 29 日　中华人民共和国主席令第二十三号修正

第五十三条　……

企业依法清算时，应当以清算期间作为一个纳税年度。

溪发说税之企业破产涉税事项篇

财政部 国家税务总局
关于企业清算业务企业所得税处理若干问题的通知

2009 年 4 月 30 日 财税〔2009〕60 号

四、……

企业应将整个清算期作为一个独立的纳税年度计算清算所得。

国家税务总局关于企业清算所得税有关问题的通知

2009 年 12 月 4 日 国税函〔2009〕684 号

一、企业清算时，应当以整个清算期间作为一个纳税年度，依法计算清算所得及其应纳所得税。……

第 145 集

破产企业在办理注销税务登记前，需要向主管税务机关报送企业清算所得税纳税申报表吗？

承第 142 集案例。

提问：林老师，I 公司在办理注销税务登记前，需要向主管税务机关报送企业清算所得税纳税申报表吗？

林老师解答

需要。

第十章　破产清算企业注销税务登记

> **TAX 政策依据**
>
> **中华人民共和国企业所得税法**
>
> 2018年12月29日　中华人民共和国主席令第二十三号修正
>
> 第五十五条　……
>
> 企业应当在办理注销登记前，就其清算所得向税务机关申报并依法缴纳企业所得税。

第 146 集

破产企业清算所得税的纳税申报期限应如何确定？

扫码看视频

> 承第 142 集案例。
>
> 提问：林老师，I 公司清算所得税的纳税申报期限应如何确定？

林老师解答

I 公司应当自清算结束之日起 15 日内向主管税务机关报送企业清算所得税纳税申报表。

> **TAX 政策依据**
>
> **国家税务总局关于企业清算所得税有关问题的通知**
>
> 2009年12月4日　国税函〔2009〕684号
>
> 一、……企业应当自清算结束之日起 15 日内，向主管税务机关报送企业清算所得税纳税申报表，结清税款。

第三节　破产清算企业注销税务登记手续

> **第 147 集**
> 管理人持人民法院终结破产企业破产清算程序裁定书申请税务注销，税务部门可以即时出具清税文书吗？

承第 142 集案例。

提问：林老师，管理人持人民法院终结 I 公司破产清算程序裁定书申请税务注销，税务部门可以即时出具清税文书吗？

林老师解答

可以。

政策依据

国家税务总局关于深化"放管服"改革更大力度推进优化税务注销办理程序工作的通知

2019 年 5 月 9 日　税总发〔2019〕64 号

一、进一步扩大即办范围

……

（三）经人民法院裁定宣告破产的纳税人，持人民法院终结破产程序裁定书向税务机关申请税务注销的，税务机关即时出具清税文书，按照有关规定核销"死欠"。

……

本通知自 2019 年 7 月 1 日起执行。

第十章　破产清算企业注销税务登记

国家发展改革委等十三部门关于推动和保障管理人在破产程序中依法履职　进一步优化营商环境的意见

2021年2月25日　发改财金规〔2021〕274号

五、便利破产企业涉税事务处理

……

（十三）便利税务注销。经人民法院裁定宣告破产的企业，管理人持人民法院终结破产清算程序裁定书申请税务注销的，税务部门即时出具清税文书，按照有关规定核销"死欠"，……

第148集
管理人在办理注销破产企业税务登记前，需要向税务机关提出终止"委托扣款协议书"申请吗？

承第142集案例。

提问：林老师，管理人在办理注销Ⅰ公司税务登记前，需要向主管税务机关提出终止"委托扣款协议书"申请吗？

林老师解答

不需要。

溪发说税之企业破产涉税事项篇

> **TAX 政策依据**
>
> **国家税务总局关于深化"放管服"改革**
> **更大力度推进优化税务注销办理程序工作的通知**
>
> 2019 年 5 月 9 日　税总发〔2019〕64 号
>
> 二、进一步简化税务注销前业务办理流程
> ……
> （二）纳税人办理税务注销前，无需向税务机关提出终止"委托扣款协议书"申请。……

第 149 集

破产企业未办理过涉税事宜，可免予到税务机关办理清税证明，直接向市场监管部门申请办理注销登记吗？

2022 年 7 月，丁市人民法院裁定受理债权人 K 公司申请 L 公司破产清算一案，并指定 M 律师事务所担任该案管理人。

2022 年 12 月，丁市人民法院裁定 L 公司终结破产程序。

管理人于当月向主管税务机关申请注销 L 公司税务登记。

L 公司自成立以来未办理过涉税事宜，管理人拟向市场监管部门申请简易注销。

提问： 林老师，管理人可免予到税务机关办理清税证明，直接向市场监管部门申请办理注销登记吗？

林老师解答

可以。

第十章 破产清算企业注销税务登记

> **TAX 政策依据**
>
> ## 国家税务总局关于进一步优化办理企业税务注销程序的通知
>
> 2018年9月18日 税总发〔2018〕149号
>
> 一、实行清税证明免办服务
>
> 对向市场监管部门申请简易注销的纳税人，符合下列情形之一的，可免予到税务机关办理清税证明，直接向市场监管部门申请办理注销登记。
>
> （一）未办理过涉税事宜的；
>
> ……
>
> 本通知自2018年10月1日起执行。

第150集 破产企业未办理过涉税事宜，管理人主动到税务机关办理清税，税务机关可以根据管理人提供的破产企业营业执照即时出具清税文书吗？

承第149集案例。

提问：林老师，管理人于2022年12月主动到税务机关办理清税，税务机关可以根据管理人提供的L公司营业执照即时出具清税文书吗？

林老师解答

可以。

溪发说税之 企业破产涉税事项篇

> **TAX 政策依据**
>
> **国家税务总局关于深化"放管服"改革更大力度推进优化税务注销办理程序工作的通知**
>
> 2019年5月9日 税总发〔2019〕64号
>
> 为进一步优化税务执法方式，改善税收营商环境，根据《全国税务系统深化"放管服"改革五年工作方案（2018年—2022年）》（税总发〔2018〕199号），在落实《国家税务总局关于进一步优化办理企业税务注销程序的通知》（税总发〔2018〕149号，以下简称《通知》）要求的基础上，现就更大力度推进优化税务注销办理程序有关事项通知如下：
>
> 一、进一步扩大即办范围
>
> （一）符合《通知》第一条第一项规定情形，即未办理过涉税事宜的纳税人，主动到税务机关办理清税的，税务机关可根据纳税人提供的营业执照即时出具清税文书。

第151集

破产企业办理过涉税事宜但未领用发票、无欠税（滞纳金）及罚款，可免予到税务机关办理清税证明，直接向市场监管部门申请办理注销登记吗？

2022年7月，甲市人民法院裁定受理债权人N公司申请P公司破产清算一案，并指定Q律师事务所担任该案管理人。

2022年12月，甲市人民法院裁定P公司终结破产程序。

管理人于当月向主管税务机关申请注销P公司税务登记。

P公司自成立以来虽办理过涉税事宜但未领用发票、无欠税（滞纳金）及罚款，管理人拟向市场监管部门申请简易注销。

提问：林老师，管理人可免予到税务机关办理清税证明，直接向市场监管部门申请办理注销登记吗？

第十章 破产清算企业注销税务登记

林老师解答

可以。

TAX 政策依据

国家税务总局关于进一步优化办理企业税务注销程序的通知

2018年9月18日　税总发〔2018〕149号

一、实行清税证明免办服务

对向市场监管部门申请简易注销的纳税人，符合下列情形之一的，可免予到税务机关办理清税证明，直接向市场监管部门申请办理注销登记。

……

（二）办理过涉税事宜但未领用发票、无欠税（滞纳金）及罚款的。

第 152 集　破产企业办理过涉税事宜但未领用发票、无欠税（滞纳金）及罚款，管理人主动到税务机关办理清税，资料齐全的，税务机关可以即时出具清税文书吗？

承第151集案例。

提问：林老师，管理人主动到税务机关办理清税，资料齐全的，税务机关可以即时出具清税文书吗？

扫码看视频

溪发说税之企业破产涉税事项篇

林老师解答

可以。

TAX 政策依据

国家税务总局关于深化"放管服"改革
更大力度推进优化税务注销办理程序工作的通知

2019年5月9日 税总发〔2019〕64号

一、进一步扩大即办范围

……

（二）符合《通知》第一条第二项规定情形，即办理过涉税事宜但未领用发票、无欠税（滞纳金）及罚款的纳税人，主动到税务机关办理清税，资料齐全的，税务机关即时出具清税文书；……

划重点 消痛点

本案例中，假定管理人主动到税务机关办理清税但资料不齐，则根据税总发〔2019〕64号文件第一条第（二）项的规定，可采取"承诺制"容缺办理，在其作出承诺后，即时出具清税文书。

第十章 破产清算企业注销税务登记

第 153 集

清算组持人民法院终结强制清算程序的裁定向税务机关申请开具清税文书，税务机关可以即时开具吗？

扫码看视频

2022年7月，乙市人民法院裁定受理R公司申请对S公司强制清算一案，并依法指定T会计师事务所从所内选取具备相关专业知识并取得执业资格的人员组成S公司清算组（以下简称清算组），负责S公司强制清算事宜。

R公司、王女士为S公司的股东，R公司持股比例为60%、投资成本为120万元，王女士持股比例为40%、投资成本为80万元。

2022年10月，清算组根据乙市人民法院裁定认可的S公司清算方案实施财产分配，S公司全部资产的可变现价值或交易价格减除清算费用，职工的工资、社会保险费用和法定补偿金，结清清算所得税、以前年度欠税等税款，清偿企业债务，按规定计算的可以向股东分配的剩余资产为250万元（其中，相当于从S公司累计未分配利润和累计盈余公积中应当分得的部分为30万元），清算组于当月按照各股东实际出资比例以货币方式进行分配。

S公司清算结束后，清算组于2022年11月制定清算报告并报乙市人民法院确认。

2022年12月，乙市人民法院裁定终结S公司强制清算程序。清算组于当月向主管税务机关申请注销S公司税务登记。

提问：林老师，清算组持乙市人民法院终结S公司强制清算程序的裁定向税务机关申请开具清税文书，税务机关可以即时开具吗？

林老师解答

可以。

TAX 政策依据

国家税务总局关于简化办理市场主体歇业和注销环节涉税事项的公告

2022年6月14日　国家税务总局公告2022年第12号

三、简化市场主体注销环节的清税文书办理

……

（二）经人民法院裁定强制清算的市场主体，持人民法院终结强制清算程序的裁定向税务机关申请开具清税文书的，税务机关即时开具。

……

本公告自2022年7月14日起施行。

第四节　破产清算企业股东分得剩余资产的申报纳税

第 154 集
股东分得的被强制清算企业剩余资产，其中相当于从被强制清算企业累计未分配利润和累计盈余公积中应当分得的部分，应确认为哪项所得？

承第 153 集案例。

提问：林老师，R 公司、王女士分得的 S 公司剩余资产 250 万元，其中相当于从 S 公司累计未分配利润和累计盈余公积中应当分得的部分 30 万元，应确认为哪项所得？

林老师解答

应确认为股息所得。

TAX 政策依据

中华人民共和国企业所得税法实施条例

2019 年 4 月 23 日　中华人民共和国国务院令第 714 号修订

第十一条　企业所得税法第五十五条所称清算所得，是指企业的全部资产可变现价值或者交易价格减除资产净值、清算费用以及相关税费等后的余额。

投资方企业从被清算企业分得的剩余资产，其中相当于从被清算企业累计未分配利润和累计盈余公积中应当分得的部分，应当确认为股息所得；……

溪发说税之 企业破产涉税事项篇

财政部　国家税务总局
关于企业清算业务企业所得税处理若干问题的通知

2009 年 4 月 30 日　财税〔2009〕60 号

　　五、企业全部资产的可变现价值或交易价格减除清算费用，职工的工资、社会保险费用和法定补偿金，结清清算所得税、以前年度欠税等税款，清偿企业债务，按规定计算可以向所有者分配的剩余资产。

　　被清算企业的股东分得的剩余资产的金额，其中相当于被清算企业累计未分配利润和累计盈余公积中按该股东所占股份比例计算的部分，应确认为股息所得；……

划重点　消痛点

本案例中，R 公司、王女士应确认的股息所得计算如下：

R 公司应确认的股息所得 = 30 × 60% = 18（万元）

王女士应确认的股息所得 = 30 × 40% = 12（万元）

第 155 集

居民企业股东从被强制清算企业取得的股息所得，需要缴纳企业所得税吗？

承第 153 集案例。

提问：林老师，R 公司取得的该项股息所得，需要缴纳企业所得税吗？

第十章 破产清算企业注销税务登记

林老师解答

不需要。

政策依据

中华人民共和国企业所得税法

2018年12月29日　中华人民共和国主席令第二十三号修正

第二十六条　企业的下列收入为免税收入：

……

（二）符合条件的居民企业之间的股息、红利等权益性投资收益；

中华人民共和国企业所得税法实施条例

2019年4月23日　中华人民共和国国务院令第714号修订

第八十三条　企业所得税法第二十六条第（二）项所称符合条件的居民企业之间的股息、红利等权益性投资收益，是指居民企业直接投资于其他居民企业取得的投资收益。企业所得税法第二十六条第（二）项和第（三）项所称股息、红利等权益性投资收益，不包括连续持有居民企业公开发行并上市流通的股票不足12个月取得的投资收益。

第 156 集

被强制清算企业向自然人股东分配股息，需要代扣代缴个人所得税吗？

承第 153 集案例。

提问：林老师，S 公司向王女士分配股息，需要代扣代缴个人所得税吗？

林老师解答

需要。

政策依据

中华人民共和国个人所得税法

2018 年 8 月 31 日　中华人民共和国主席令第九号修正

第二条　下列各项个人所得，应当缴纳个人所得税：

……

（六）利息、股息、红利所得；

……

第九条　个人所得税以所得人为纳税人，以支付所得的单位或者个人为扣缴义务人。

……

第二十二条　本法自公布之日起施行。

中华人民共和国个人所得税法实施条例

2018年12月18日 中华人民共和国国务院令第707号第四次修订

第六条 个人所得税法规定的各项个人所得的范围：

……

（六）利息、股息、红利所得，是指个人拥有债权、股权等而取得的利息、股息、红利所得。

……

第二十四条 扣缴义务人向个人支付应税款项时，应当依照个人所得税法规定预扣或者代扣税款，按时缴库，并专项记载备查。

前款所称支付，包括现金支付……

第三十六条 本条例自2019年1月1日起施行。

第 157 集

被强制清算企业向自然人股东分配股息，其应代扣代缴的个人所得税应如何计算确定？

承第153集案例。

提问：林老师，S公司向王女士分配股息，其应代扣代缴的个人所得税应如何计算确定？

林老师解答

S公司应代扣代缴的个人所得税计算如下：

应纳税所得额 = 30 × 40%
　　　　　　 = 12（万元）

$$扣缴税额 = 应纳税所得额 \times 20\%$$
$$= 12 \times 20\%$$
$$= 2.4（万元）$$

TAX 政策依据

中华人民共和国个人所得税法

2018年8月31日 中华人民共和国主席令第九号修正

第三条 个人所得税的税率：

……

（三）利息、股息、红利所得，……适用比例税率，税率为百分之二十。

第六条 应纳税所得额的计算：

……

（六）利息、股息、红利所得……，以每次收入额为应纳税所得额。

中华人民共和国个人所得税法实施条例

2018年12月18日 中华人民共和国国务院令第707号第四次修订

第十四条 个人所得税法第六条第一款第二项、第四项、第六项所称每次，分别按照下列方法确定：

……

（三）利息、股息、红利所得，以支付利息、股息、红利时取得的收入为一次。

第十章　破产清算企业注销税务登记

第 158 集
股东分得的被强制清算企业剩余资产减除股息所得后的余额，超过其投资成本的部分，应确认为哪项所得？

扫码看视频

承第 153 集案例。

提问：林老师，R 公司、王女士分得的 S 公司剩余资产减除股息所得后的余额，超过各自投资成本的部分，应确认为哪项所得？

林老师解答

应确认为 R 公司、王女士的投资转让所得。

TAX 政策依据

中华人民共和国企业所得税法实施条例

2019 年 4 月 23 日　中华人民共和国国务院令第 714 号修订

第十一条　……

投资方企业从被清算企业分得的剩余资产，其中……剩余资产减除上述股息所得后的余额，超过或者低于投资成本的部分，应当确认为投资资产转让所得或者损失。

财政部　国家税务总局
关于企业清算业务企业所得税处理若干问题的通知

2009 年 4 月 30 日　财税〔2009〕60 号

五、……

剩余资产减除股息所得后的余额，超过或低于股东投资成本的部分，应确认为股东的投资转让所得或损失。

第 159 集
居民企业股东从被强制清算企业取得的投资转让所得，需要确认企业所得税收入吗？

承第 153 集案例。

提问：林老师，R 公司取得的该项投资转让所得，需要确认企业所得税收入吗？

林老师解答

需要。

政策依据

中华人民共和国企业所得税法

2018 年 12 月 29 日 中华人民共和国主席令第二十三号修正

第五条 企业每一纳税年度的收入总额，减除不征税收入、免税收入、各项扣除以及允许弥补的以前年度亏损后的余额，为应纳税所得额。

第六条 企业以货币形式和非货币形式从各种来源取得的收入，为收入总额。包括：

……

（三）转让财产收入；

第十章 破产清算企业注销税务登记

中华人民共和国企业所得税法实施条例

2019年4月23日 中华人民共和国国务院令第714号修订

第十六条 企业所得税法第六条第（三）项所称转让财产收入，是指企业转让……股权……等财产取得的收入。

第 160 集 自然人股东从被强制清算企业取得的投资转让所得，需要缴纳个人所得税吗？

承第 153 集案例。

提问：林老师，王女士从 S 公司取得的该项投资转让所得，需要缴纳个人所得税吗？

林老师解答

需要。

政策依据

中华人民共和国个人所得税法

2018年8月31日 中华人民共和国主席令第九号修正

第二条 下列各项个人所得，应当缴纳个人所得税：

……

（八）财产转让所得；

中华人民共和国个人所得税法实施条例

2018 年 12 月 18 日　中华人民共和国国务院令第 707 号第四次修订

第六条　个人所得税法规定的各项个人所得的范围：

……

（八）财产转让所得，是指个人转让……股权……取得的所得。

第 161 集

自然人股东从被强制清算企业取得的投资转让所得，其应缴纳的个人所得税应如何计算确定？

承第 153 集案例。

提问： 林老师，王女士从 S 公司取得的该项投资转让所得，其应缴纳的个人所得税应如何计算确定？

林老师解答

王女士应缴纳的个人所得税计算如下：

应纳税所得额 = 转让财产的收入额 - 财产原值和合理费用
　　　　　 = (250 - 30) × 40% - 80
　　　　　 = 8（万元）

应纳税额 = 应纳税所得额 × 20%
　　　　 = 8 × 20%
　　　　 = 1.6（万元）

第十章 破产清算企业注销税务登记

> **TAX 政策依据**

中华人民共和国个人所得税法

2018年8月31日　中华人民共和国主席令第九号修正

第三条　个人所得税的税率：

……

（三）……财产转让所得……适用比例税率，税率为百分之二十。

……

第六条　应纳税所得额的计算：

……

（五）财产转让所得，以转让财产的收入额减除财产原值和合理费用后的余额，为应纳税所得额。

中华人民共和国个人所得税法实施条例

2018年12月18日　中华人民共和国国务院令第707号第四次修订

第十七条　财产转让所得，按照一次转让财产的收入额减除财产原值和合理费用后的余额计算纳税。

第 162 集

股东从被强制清算企业分得的资产，其计税基础应如何计算确定？

承第 153 集案例。

提问：林老师，R 公司、王女士从 S 公司分得的资产，其计税基础应如何计算确定？

林老师解答

R 公司从 S 公司分得的资产，其计税基础计算如下：

计税基础 = 250 × 60% = 150（万元）

王女士从 S 公司分得的资产，其计税基础计算如下：

计税基础 = 250 × 40% = 100（万元）

TAX 政策依据

财政部　国家税务总局
关于企业清算业务企业所得税处理若干问题的通知

2009 年 4 月 30 日　财税〔2009〕60 号

五、……

被清算企业的股东从被清算企业分得的资产应按……实际交易价格确定计税基础。

划重点　消痛点

本案例中，假定 R 公司、王女士从 S 公司分得股票，且该股票的可变现价值分别为 120 万元、80 万元，则根据财税〔2009〕60 号文件第五条第三款的规定，R 公司、王女士从 S 公司分得的股票应分别按可变现价值 120 万元、80 万元确定计税基础。